Stefan Gottschling

Stark texten, mehr verkaufen

Stefan Gottschling

Stark texten, mehr verkaufen

Kunden finden, Kunden binden
mit Mailing, Web & Co.

GABLER

Bibliografische Information Der Deutschen Bibliothek
Die Deutsche Bibliothek verzeichnet diese Publikation in der Deutschen National-
bibliografie; detaillierte bibliografische Daten sind im Internet über
<http://dnb.ddb.de> abrufbar.

1. Auflage Dezember 2002
Nachdruck Juni 2004

Alle Rechte vorbehalten
© Betriebswirtschaftlicher Verlag Dr. Th. Gabler/GWV Fachverlage GmbH,
Wiesbaden 2002

Lektorat: Manuela Eckstein

Der Gabler Verlag ist ein Unternehmen von Springer Science+Business Media.
www.gabler.de

Umschlaggestaltung: Nina Faber de.sign, Wiesbaden
Satz: ITS Text und Satz Anne Fuchs, Pfofeld-Langlau
Druck und buchbinderische Verarbeitung: Wilhelm & Adam, Heusenstamm
Gedruckt auf säurefreiem und chlorfrei gebleichtem Papier
Printed in Germany

ISBN 3-409-11935-3

Vorab ...

Liebe Leser,

dieses Buch ist ein Praxisbuch. Viele tausend Zuhörer haben in vielen Texterseminaren mitgeholfen, dieses Buch zu schreiben. Alles, was Sie hier lesen, wurde immer wieder hinterfragt, aktualisiert, um Ihnen in der Praxis möglichst großen Nutzen zu bieten. Und deshalb soll dieses Buch ein wenig von der Atmosphäre der Seminare zu Ihnen transportieren.

Hier ist eine „Gebrauchsanweisung":

➤ Ihr Buch gliedert sich in **zwei Teile**. Teil 1 liefert Ihnen das ganze Praxiswissen, das Sie zum Texten brauchen. Teil 2 zeigt ab Kapitel 9, wie Sie dieses Wissen bei der Entwicklung einzelner Instrumente einsetzen.

➤ Seiten mit grauen Längsbalken stehen für Ihren **praktischen Schnelleinstieg** ins Thema. Sie finden sie in den Kapiteln 1 und 8. Kapitel 1 fasst viele Inhalte kurz und prägnant zusammen und unterstützt Sie bei der Entwicklung erster Rohtexte. Kapitel 8 liefert den Werkzeugkasten zur Text-Optimierung.

➤ Ein kleines **Lexikon** am Ende des Buches bietet Ihnen zusätzliche Fachbegriffe und Worterklärungen.

Das sind Ihre Themen ...

Porto, das
sich lohnt!

ANTWORT auch
per Fax: 0611.7878-412

Gabler Verlag
z. Hd. Frau Uta Hasse
Abraham-Lincoln-Straße 46

65189 Wiesbaden

☐ **Ja,** ich bestelle **salesBusiness**
☐ ab sofort ☐ ab dem _____ für mindestens 1 Jahr zum Bezugs-
preis von z. Zt. € 78,60 (Inland), € 90,00 (Ausland). Mein Abonnement
verlängert sich automatisch, wenn ich die Zeitschrift nicht spätestens
6 Wochen vor Ablauf des Bezugsjahres abbestellt habe.   212 04 007

☐ **Ja,** ich bestelle **Call Center Profi**
☐ ab sofort ☐ ab dem _____ für mindestens 1 Jahr zum Bezugs-
preis von z. Zt. € 57,00 (Inland), € 66,00 (Ausland). Mein Abonnement
verlängert sich automatisch, wenn ich die Zeitschrift nicht spätestens
6 Wochen vor Ablauf des Bezugsjahres abbestellt habe.   212 04 008

_____
Firma

_____
Abteilung   Funktion

_____
Name, Vorname

_____
Straße (kein Postfach)

_____
PLZ, Ort

_____
Telefon   Telefax

_____
Datum   Unterschrift

☐ **Ja,** schicken Sie mir regelmäßig den kostenlosen E-Mail-Newsletter
☐ **salesBusiness**   ☐ **Call Center Profi**
                       @

☐ Bitte beliefern Sie mich über meine Buchhandlung:

Kapitel 5: Texten heißt führen

Teil II

Kapitel 9: Wie Sie mit Werbebriefen mehr verkaufen ...

Kapitel 10: Der Prospekt: Showtime für Lieblinge ...

Kapitel 11: Das Response-Element: Antworten leicht gemacht ...

Kapitel 12: Texte für Internet und Co ...

Schlusswort oder: „Da steh ich nun, ich armer Tor, und bin so klug als wie zuvor" ...

Vorwort

Liebe Leserin, lieber Leser,

wie schreibt man einen Text, der Kaufsignale auslöst, der Ihren Leser motiviert, jetzt Ihr Produkt zu bestellen, Ihre Dienstleistung zu ordern oder direkt anzurufen? Und wie schaffen Sie es, Ihre Texte noch griffiger, noch verkaufsstärker zu machen? Wann lesen wir? Was lesen wir? Und was muss passieren, damit wir nicht nur lesen, sondern auch kaufen?

Genau darum geht es in diesem Buch: um das Texten im Direktmarketing. Wir sprechen über Texte, die direkte und messbare Reaktionen beim Empfänger auslösen. Das gelingt aber nur, wenn ein Leser uns versteht, wenn wir ihn Schritt für Schritt zu einer Reaktion führen, ihn immer wieder motivieren, jetzt zu handeln.

Deshalb geht es in diesem Buch auch um klare Gedanken und um eine klare Argumentation. Und es geht um eine Schreib-Technik, die Leser motiviert, etwas zu tun. Vielleicht ist dies der Grund, warum immer mehr Journalisten heute Texterseminare zur Direktwerbesprache hören, warum Texter aus der klassischen Werbung Direktmarketing-Techniken nutzen, und vielleicht ist dies auch der Grund, warum Sie, lieber Leser, dieses Buch gekauft haben.

➤ Es enthält, wie so viele Bücher, fast zu viel.

➤ Es versucht für viele unterschiedliche Leser viele Nutzen zu bieten.

➤ Es ist ein wenig wie ein Supermarkt mit vollen Regalen. Bedienen Sie sich einfach nach Bedarf, denn das Sortiment gehört Ihnen ja schon.

➤ Es führt Sie Schritt für Schritt in den Text.

15

Im ersten Schritt bietet es den ganz Eiligen einen Schnelleinstieg. In 12 Schritten werden Sie an das Texten herangeführt ...

Nach dem Schnelleinstieg beginnt die eigentliche Annäherung an den Text. Was ist Lesen? Wie überwindet man Schreibblockaden? Welche Regeln für den Satzbau, die Wortwahl, die Schrift sorgen dafür, dass Ihre Texte im Kopf des Lesers ankommen?

Der zweite Teil Ihres Texterbuchs führt Sie in die Konzeption und leitet über in einen Spezialteil zu den einzelnen Direktmarketing-Instrumenten.

Ich wünsche Ihnen viel Spaß beim Lesen!

Ihr

Stefan Gottschling

Übrigens: Dieses Buch wird Sie immer wieder zu praktischen Übungen anleiten. Und Sie werden viele Anregungen bekommen, um Ihre Texte sofort zu verbessern.

Auf die Plätze ...

Was Sie erwarten können; kurze Überlegungen zur Frage: Handwerk oder Talent? Und warum es so wichtig ist, Texten als Prozess zu begreifen

■ **Handwerk oder Talent?**

Jeder kann texten! Halt! Kann jeder texten? Die Antwort: Mit Sicherheit! Jetzt stöhnt der Texter: „Aber das ist ja das alte Problem: Jeder kann schreiben. Und damit denken meine Auftraggeber, sie können auch texten." Und so verfängt sich manches Gespräch zwischen Auftraggeber und Texter in Geschmacksdiskussionen.

Lassen Sie uns deshalb gleich zu Anfang klarstellen: Texten ist mehr als Schreiben. Es ist die Anwendung von bestimmten Techniken, die im Direktmarketing einen Leser zur Reaktion führen. Es ist der Einsatz von aktivierenden Impulsen, die letztendlich eine Handlung des Lesers auslösen, und es ist das Wissen, wie man zielorientierte Gespräche führt. Denn die muss ein Texter vorausdenken.

Wie ein Verkäufer diese Techniken im Verkaufstraining lernt, so braucht ein Texter Hintergrundwissen. Aus dieser Perspektive ist Texten ein Handwerk, das man lernen kann. Und dabei hilft dieses Buch.

Aber es gibt Texte, die sind anders, besser als andere! Warum? Und was ist nun mit dem Talent, das einer mitbringt? Nun, das ist ähnlich wie beim Erlernen eines Musikinstruments. Da sitzen fünf Schüler in der Klavierstunde. Alle spielen ganz leidlich, aber einer spielt mit Leidenschaft. Und genauso kann jeder für sein Unternehmen Texte entwickeln, die verkaufen. Doch wer Freude an der Sprache hat, verbindet sein „Schreiben-können" nun mit den Techniken des Direktmarketing. Und heraus kommen Werbetexte, die begeistern.

Halt: Natürlich gibt es noch eine Komponente: Die Begeisterung für ein Produkt überträgt sich auf den Text. Jeder kann mit den Techniken dieses Buches Texte schreiben, die verkaufen. Das ergibt dann eine Kombination aus Technik und Routine. Doch wenn Sie Ihr Produkt lieben, wenn Sie Freude an der Sprache und ihren vielen Möglichkeiten haben, ja dann ...

Viel Spaß mit den vielen Hinweisen zu den Techniken des Direktmarketing! Und viel Freude beim Entdecken der vielen Möglichkeiten, die in Ihrer Sprache stecken!

■ Texten ist ein Prozess

Übrigens: Nur ganz selten gelingt der druckreife Text „auf den ersten Wurf". Deshalb zielen auch Profis nie sofort auf den Reintext. Denn Texten ist ein Prozess. Und hier steht der Rohtext am Anfang. Ein breiterer, ausführlicher Text, der noch nicht druckreif ist. In Kapitel 4 erfahren Sie mehr Details.

Rohtexte entstehen schneller, machen mehr Spaß und umgehen den Zwang zur Perfektion. Erst wenn der Rohtext steht, beginnt die strukturierte Bearbeitung zum Reintext. Diesen Vorgang nennt man Redigieren. Und dabei helfen Ihnen die Informationen, die in diesem Buch für Sie zusammengestellt sind. Man kürzt, kontrolliert Satzzeichen, sucht konkretere, bildhaftere Begriffe usw. Überwinden Sie also mit den Tipps in den folgenden Kapiteln Ihre Schreibschwellen, schreiben Sie Ihren Rohtext, und bearbeiten Sie dann diesen Text bis zur Druckreife.

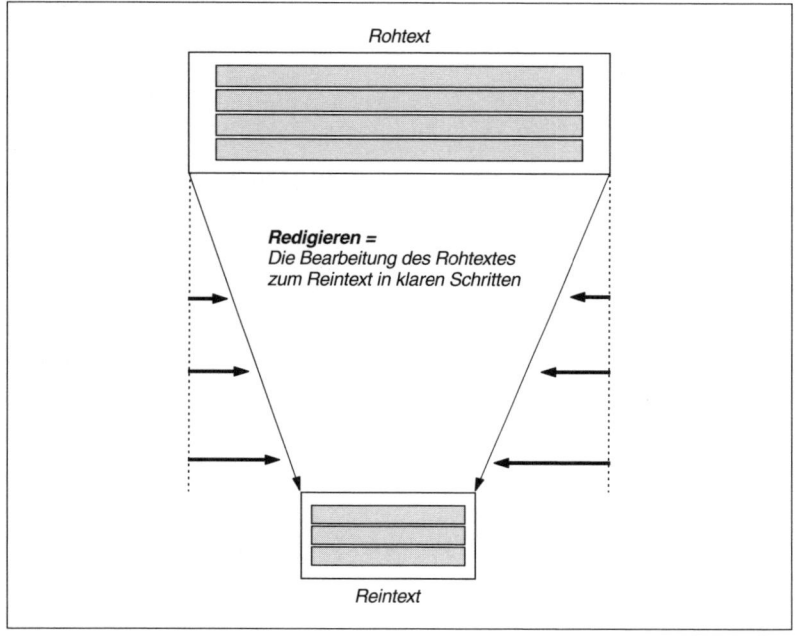

Texten ist ein Prozess vom Rohtext zum Reintext

Übrigens finden Sie das ganze Redigiersystem in Kapitel 8 im Überblick. Dieses Kapitel fasst die vorhergehenden Inhalte nochmals in Form von Redigierwerkzeugen zusammen.

Kapitel 1: Rein und los ...

Der Schnelleinstieg: In 12 Schritten zum Werbetext

> *Ein Schnellkurs für Ungeduldige und der Rahmen für die folgenden Kapitel*

Sie wollen sofort loslegen, haben erste Vorarbeiten geleistet, Ihre Informationen strukturiert und vielleicht schon die ersten Text-Ideen notiert. Sie wissen, was Sie Ihrem Leser in welcher Form (Prospekt, Brief, Anzeige?) an welcher Stelle (Titel, Einstieg, Inhaltstext?) mitteilen wollen. Dann kann's losgehen! Hier ist Ihr Schnelleinstieg ins Thema in 12 Schritten.

■ Schritt 1: Das Schreiben beginnen

„Oh komm, perfektes Wort!" Alle Informationen liegen vor Ihnen, Sie sitzen am Schreibtisch – und „nichts geht". Schreibblockade! Und die will nun zuerst überwunden werden. Hier helfen einfache Tipps.

➤ Hüten Sie sich vor dem „Korrespondenz-Stil". Viele Menschen können komplizierte Zusammenhänge mündlich wunderbar erklären. Sobald sie schreiben, rastet sofort die umständliche Art, „gut" zu formulieren, ein.

➤ Orientieren Sie sich an gesprochener Sprache!

➤ Stellen Sie sich vor: Ihr Werbebrief ist ein Brief an einen Freund oder ein Telefongespräch.

➤ Sprechen Sie Ihren Brieftext auf ein Diktiergerät oder direkt in den PC. Allerdings sollten Sie dabei frei sprechen, also ohne „Punkt" und „Komma".

➤ Bleiben Sie entspannt! Versuchen Sie nicht, gleich perfekt zu schreiben. Texten ist ein Prozess. Und der geht vom Rohtext zum Reintext. Zielen Sie auf den Rohtext. Denn der ist noch relativ ausführlich und bildet das Rohmaterial, das Sie mit den folgenden Schritten bearbeiten.

■ Schritt 2: Die richtige Satzlänge

Steht Ihr Textentwurf, sollten Sie ihn kritisch überarbeiten und kürzen. Kurze, klare, einfache SPO- (Subjekt, Prädikat, Objekt) Sätze sind am schnellsten auswertbar. Ihre Sätze sollten maximal 14 Wörter aufweisen. Weniger ist mehr. Meiden Sie Schachtelsätze, Partizipialkonstruktionen und zu viele Nebensätze. Bei Ihrem Leser entsteht das Signal: Dieser Text ist einfach, wenn ein Satz mit wenigen Augenhaltepunkten auswertbar ist und schnell verstanden wird. Deshalb: Nur ein Gedanke pro Satz.

■ Schritt 3: Die richtige Wortlänge

Am schnellsten versteht man zweisilbige Wörter. Deshalb finden sich solche Wörtchen auch vorwiegend in der Headline. Und: Kurze Vorteilswörter erkennen wir wie ein Bild. Entfernen Sie also alle Wortmonster aus Ihren Texten.

Ein „Donaudampfschifffahrtsgesellschaftskapitän" muss mit zu vielen Fixationen ausgewertet werden – wenn Ihr Werbeleser überhaupt am Ende eines solchen Wortes ankommt. Teilen Sie mit dem Genitiv die „Bodenfliesenqualität" in „Qualität der Bodenfliesen", trennen Sie den „Kundendienst-Techniker" durch einen Bindestrich von seinen Aufgaben oder suchen Sie im Synonym-Wörterbuch gleich ein treffenderes Wort.

Viele umständliche Begriffe wurden uns durch den so genannten Korrespondenz-Stil eingepaukt: Schreiben Sie lieber „liefern" statt „Lieferung vornehmen", machen Sie den „telefonischen Anruf" zum bloßen „Anruf", streichen Sie überflüssige Vorsilben wie das *über* in „übersenden" und meiden Sie das Passiv, die „Leideform", in Ihrer Werbung. Ihr Kunde soll handeln, bestellen und nichts „über sich ergehen lassen".

■ **Schritt 4: Die richtige Wortwahl**

Am einprägsamsten sind Texte, die uns helfen, Bilder aus dem Bildspeicher unseres Gehirns abzurufen. Erinnern Sie sich noch an den Slogan „Lesen ist Fernsehen im Kopf"? Wenn Ihr Text es schafft, Ihr Produkt als Film vor dem Auge des Lesers ablaufen zu lassen, haben Sie ein Meisterstück vollbracht. Deshalb sollten Ihre Texte möglichst konkret und anschaulich sein.

➤ Unterscheiden Sie – nach Wolf Schneider – als einfache Faustregel bei Hauptwörtern zwischen bildhaften, bildnahen und bildleeren Begriffen.

Bildhaft: alle Substantive, die ein konkretes Bild oder Geschehen beschreiben, unsere Sinne ansprechen (Blitz, Licht, Sonne, Sturm).

Bildnah: alle Substantive, die erlebbare Zustände beschreiben (Liebe, Hass, Eifersucht). Die können wir nachvollziehen, obwohl es wahrscheinlich auf der ganzen Welt keine zwei Menschen gibt, für das Wort „Liebe" dasselbe bedeutet.

Bildleer: abstrakte Substantive, meist auf -ung, -keit, -ismus, -ät, -ive (Begrifflichkeit, Sichtbarmachung, Formalismus, Parität, Initiative).

➤ Schreiben Sie aktiv (Tatform), und setzen Sie bildhafte Verben ein. Nutzen Sie dabei Ihren passiven Wortschatz. Denn diesen Wortspeicher ergänzen wir permanent – durch Bücher, Fernsehen, Gespräche, Theater. Trotzdem benötigen wir ihn nicht unbedingt, wenn wir reden. Denn in der persönlichen Kommunikation unterstreichen und illustrieren wir unsere Worte durch Körpersprache, Mimik, Gestik. Allein für das Wörtchen „gehen" kennen wir zahlreiche Synonyme, die schärfere Bilder zeichnen und helfen, Stimmungen auszudrücken. Erzeugen Sie durch Ihre Sprache Bilder für den Leser: „taumeln", „schlendern", „stolzieren" – jedes Verb löst andere Assoziationen aus. Vermeiden Sie Hilfsverben: „können", „dürfen", „möchten", „müssen", „wollen" bremsen Ihre Texte. Anstatt „können Sie bestellen" „bestellen Sie", anstatt „möchte ich Ihnen übersenden" „sende ich Ihnen heute". Schreiben Sie, was Sie tun, was Sie von Ihrem Leser erwarten, und blähen Sie Ihre Texte nicht unnötig durch Hilfsverben auf.

➤ Adjektive oder Eigenschaftswörter helfen uns, Dinge genau zu beschreiben. Sehr konkret sind die Adjektive, die unsere fünf Sinne ersetzen: „rot", „sauer", „rau" aktivieren Bilder und Empfindungen. Nötig sind Adjektive bei einer Wertung: „sehenswerte Filme", „wertvolle Geschenke", doch vielleicht geht's auch hier noch konkreter. Aber beachten Sie: Oft lässt sich Adjektiv + Substantiv durch ein treffenderes Substantiv ersetzen. „Starker Wind" = „Sturm", „großer Hund" = „Dogge", „Schäferhund", „großes Haus" = „Villa", „Schloss" etc.

Bei Fachzielgruppen lohnt sich oft ein zweiter Blick auf die Adjektive. Winzer und Weinkenner beispielsweise haben einen Fachwortschatz, um den Geschmack zu beschreiben. „Trockener" Wein hat hier nichts mit Trockenheit oder der Wüste zu tun. Wenn Ihre Zielgruppe besondere Adjektive selbstverständlich benutzt, sollten Sie diesen Wortschatz einsetzen. Ein klarer Kompetenzbeweis!

■ **Schritt 5: Noch mehr Bilder durch Metaphern und bildhafte Vergleiche**

Eine Wendeltreppe allein mit Worten zu erklären, ist schwer. Wenn wir aber mit unseren Händen ein Bild dazu malen, sind keine langen Erklärungen nötig. Ein Werbemittel hat nun

24

zwar keine Hände, kann aber durch die richtige Wortwahl Bilder im Gehirn des Lesers abrufen. Deshalb: Schreiben Sie bildhaft!

Zum Beispiel durch den Einsatz von Metaphern und Gleichnissen: Metaphern sind so genannte bildhafte Übertragungen wie „Wolkenkratzer" oder „Wüstenschiff". Zwei Wörter werden hier miteinander verbunden, und diese Verbindung schafft eine neue Wortbedeutung. Nennt man außer dem Bild auch die Sache, spricht man in der Stilkunde von einem Gleichnis. Beispiel: „Wenn Kamele wie Wüstenschiffe ..."

Metaphern und bildhafte Sprache leisten im Werbetext wichtige Aufgaben:

➤ Unbekanntes kann so in einen bekannten Rahmen (in ein bekanntes Bild) gesetzt werden – und eröffnet weitere Möglichkeiten für den Text (z. B. die PC-Oberfläche als „Cockpit für Ihren PC" oder ein neuer Pkw als „der neue Stern am Autohimmel"). Ist eine Übertragung erst einmal geschafft, kann Ihr Text „im Bild bleiben" und dem Leser durch vertrautes Vokabular Unvertrautes nahe bringen.

➤ Unbekanntes wird konkret durch Vergleiche. Deshalb sorgen auch vergleichende Wortverbindungen wie „federleicht", „glasklar", „steinhart" für mehr Anschaulichkeit. Hier werden zwei Informationen, z. B. „leicht wie eine Feder", zu einem starken *Sprachbild* verbunden.

Doch Metaphern sind mit Vorsicht zu genießen. Zu viele Metaphern machen Ihren Werbetext zu poetisch. Setzen Sie also Metaphern sparsam, aber treffend ein.

Es gibt jedoch noch weitere Möglichkeiten, Ihr Angebot richtig „ins Bild" zu setzen:

Machen Sie Ihr Produkt persönlich. Überlegen Sie einmal, ob Ihr Produkt sich auch als „Ratgeber", „Organisationstalent", „Experte" oder „Partner" beschreiben lässt. Besonders technische Produkte gewinnen in der Beschreibung durch Zuordnung solcher Merkmale. – Und klingt „Holen Sie sich diesen Meisterkoch in die Küche" nicht wesentlich eleganter als „Kaufen Sie dieses Kochbuch"?

■ Schritt 6: Fachwörter, Fremdwörter und Abkürzungen

Machen Sie sich beim Schreiben von Werbetexten stets bewusst: Ihr Leser muss Sie verstehen, wenn eine Reaktion stattfinden soll. Deshalb Vorsicht mit allen Fach- und Fremdwörtern! Was in Ihrer Firma geläufig ist, kann einem Leser unbekannt sein. Meiden Sie möglichst den firmeninternen Sprachgebrauch bei der Beschreibung von Produkten. Erklären Sie die Vorteile für den Leser lieber in einfacher, klarer Sprache.

Vorsicht auch bei Modewörtern. Wie der Name schon sagt, sind sie modischen Trends unterworfen, werden nicht von allen Lesern verstanden – oder, noch schlimmer, falsch verstanden. Denken Sie nur einmal an die vielen neuen Begriffe aus der Computerwelt.

Bekämpfen Sie den „Aküfi" („Abkürzungsfimmel"). Er führt schnell zu Missverständnissen oder Unverständnis. Auch Abkürzungsverzeichnisse helfen im Werbemittel nicht weiter, denn Ihre Zielperson liest nicht unbedingt gewissenhaft von vorne nach hinten.

■ Schritt 7: Bringen Sie eine Sache „auf den Punkt"

Schreiben Sie stets so konkret wie möglich. „Leicht", „schwer", „groß", „klein" kann alles Mögliche bedeuten. „20 Gramm", „zwei Meter lang" sind Angaben, die Ihren Lesern wesentlich mehr verraten. Besonders in Angebotstexten ist dies ganz wichtig. Auch Formulierungen wie „in Kürze", „in wenigen Tagen" ersetzen Sie, wenn möglich, durch konkrete Angaben. „Ihr Angebot in zwei Stunden", „schon am nächsten Tag", „innerhalb 24 Stunden" ist klipp und klar. Doch denken Sie daran: Einmal gegebene Versprechen *müssen* Sie einhalten. Denn ein Kunde, den man schon bei der Lieferung verärgert, ist ein potenzieller Remittend.

■ **Schritt 8: Schreiben Sie persönlich, und beziehen Sie Ihren Text auf die Lebenswelt des Lesers**

Ein Muss: Sprechen Sie Ihren Leser namentlich an. Doch Ihr Brief oder Prospekt kann durch den richtigen Einsatz von Pronomen noch persönlicher werden. Ihr Werbemittel soll Ihr Angebot zum Leser bringen. Deshalb ist es notwendig, den Leser „in das Angebot zu verwickeln". Nicht die Größe Ihrer Firma oder die Genialität Ihrer Entwicklung ist entscheidend, sondern ob es Ihnen gelingt, eine Beziehung zwischen Angebot und Leser herzustellen. Nutzen Sie deshalb immer wieder die Wörtchen „Sie", „Ihnen", „Ihr". Diese Pronomen sind Stellvertreter für den Namen des Lesers. Leider findet man noch immer Werbebriefe, die schon mit „wir" beginnen. „Wir haben entwickelt", „wir bieten heute", „ist es uns gelungen". Egal ob Ihr Produkt in zwei oder fünf Jahren entwickelt wurde – es muss dem Leser Vorteile bieten. Also verzichten Sie auf zu viele „ich" und „wir", verstärken Sie „Sie", „Ihr", „Ihnen". Schreiben Sie „Hier sehen Sie Ihr neues Fahrrad" und nicht „Hier sehen Sie unser neues Fahrrad". Denn nur der erste Satz zeigt dem Gehirn Ihres Lesers das „richtige" Bild.

■ **Schritt 9: Achten Sie auf das Textniveau**

Sie wissen: Werbung ist ungeliebter Lesestoff und muss mühelos verstanden werden. Deshalb: einfache und klare Sprache, keine komplizierten Satzkonstruktionen. Schreiben Sie jedoch nicht dümmlich, sondern kurz, konkret und präzise.

Vergessen Sie nicht: Auch wenn Ihre Zielpersonen im Beruf komplizierteste Texte lesen – ein Werbetext sollte einfach und klar sein. Denn auch Ihre anspruchsvolle Zielgruppe konzentriert sich beim Öffnen eines Mailings nicht wie bei der Lektüre von Fachliteratur. Hier geht die Konzentration gegen null.

■ Schritt 10: Geben Sie Referenzen an

Referenzen, im Werbedeutsch „Testimonials", erhöhen die Wirksamkeit Ihrer Texte. Im Dialog zwischen Leser und Absender erscheint nun eine dritte Person und unterstützt Ihre Angaben. Sammeln Sie deshalb positive Kundenbriefe, drucken Sie Buchrezensionen, Expertenmeinungen zu Ihren Produkten ab. Schon der Hinweis „Referenz-Adressen und einen ausführlichen Pressespiegel senden wir Ihnen gern" ist positiv.

■ Schritt 11: Nutzen Sie Wiederholungen und Zusammenfassungen

Machen Sie es Ihrem Leser so einfach wie möglich. Fassen Sie für ihn alle Vorteile nochmals in einer Übersicht zusammen, erklären Sie ihm genau, wie und wo er reagieren soll. Wiederholungen, die für Klarheit sorgen, sind nicht schädlich. Nutzen Sie neben Bildern und Grafiken Unterlegungen und Hervorhebungen, um Wichtiges betonen.

■ Schritt 12: Sorgen Sie für klare Struktur im Werbemittel, und formulieren Sie leserbezogene Vorteile

Helfen Sie Ihrem Leser durch eine klare Struktur, die vielen Einzelinformationen richtig einzuordnen. Dabei helfen Headlines und Bilder. Vermitteln Sie Ihre Vorteile leserbezogen. Nach Möglichkeit sollte der Hauptvorteil bereits auf dem Titel erscheinen. Klären Sie für sich: Was ist mein wichtigster leserbezogener Vorteil? Welcher Vorteil hat Priorität zwei, drei ...?

Eine schwierige Aufgabe. Denn beschreibt man das eigene Unternehmen, das eigene Produkt, findet man oft alles „einfach gut". Trotzdem brauchen Sie eine Gewichtung. Denn auf der Titelseite des Prospekts, in der Headline des Briefes sollte eben der wichtigste Vorteil für den Leser erscheinen.

Zum Schluss ...

- Notieren Sie sich Ihre Verbesserungs-Vorschläge und Korrekturen gleich im Rohtext. Schreiben Sie ihn jetzt noch einmal in der optimierten Form. Vielleicht kommt nun eine zweite Korrekturphase und eine weitere Textfassung, anschließend die Rechtschreibkorrektur und dann der Reintext. Bei der Korrektur hilft Ihnen das Redigiersystem in Kapitel 8. Einfach ausprobieren!

- Denken Sie daran: Texten ist ein Prozess und ein Reintext oft das Resultat harter Arbeit. Wie Sie dieses anpacken, lesen Sie auf den nächsten Seiten.

Teil I

Kapitel 2: Was Texter wissen müssen ...

Die Grundlagen: Von schriftlichen Gesprächen in die schnelle Welt und von da in den Kopf des Lesers

Texte als vorausgedachte Gespräche

Warum Sie als Texter Verkaufsgespräche vorausdenken müssen

Nehmen wir einmal folgende Situation: Sie haben Waren und Dienstleistungen anzubieten. Jetzt suchen Sie Kunden. Und das heißt, Sie müssen andere Menschen von den Vorteilen Ihrer Waren und Dienstleistungen überzeugen.

Am einfachsten ist das, wenn Sie den künftigen Käufer direkt vor Augen haben. Sie führen ein Verkaufsgespräch, gehen auf Einwände des Wunschkunden ein, beantworten seine Fragen, zeigen, welchen Vorteil Ihr Angebot für die spezielle Situation des Gegenübers bietet. Machen Sie Ihre Sache gut, werden Sie Ihr Produkt verkaufen.

Im persönlichen Gespräch kommunizieren Sie nicht nur mit Worten, sondern auch mit dem Körper, mit Mimik, Gestik, mit der Melodie Ihrer Sprache, mit Ihrem äußeren Auftritt. Im Werbetext bleibt nur das nackte Wort. Doch auch das muss Kaufsignale des Lesers verstärken, Fragen beantworten, damit – wie im echten Gespräch – eine Reaktion erfolgt.

Im persönlichen Gespräch können wir gerade durch die vielen Kommunikationsebenen wunderbar erklären oder auf Einwände und Fragen eines Gegenübers reagieren. Doch sagt nun jemand zu uns: „Bitte schreiben Sie doch Ihre Argumentation in diesen einfachen Worten einmal auf", packt uns ein seltsames Phänomen: Wir sitzen vor dem Papier oder Computer und finden die Worte nicht mehr. Wir können zwar „einfach sprechen" (viele Menschen haben sogar hier ein Problem), aber wir haben gelernt, kompliziert zu schreiben.

Ganz anders als das echte Gespräch ist das Schreiben ja eine Sache, die Sie ganz allein beginnen. Doch gerade jetzt müssen wir uns klarmachen: Verkaufstexte im Direktmarketing bilden Verkaufsgespräche ab. Deshalb spricht einer der Vordenker des Direktmarketing, Prof. Siegfried Vögele, beim Thema Mailing auch von „schriftlichen Verkaufsgesprächen mit Brief, Prospekt und Antwortelement".

☞ **Wichtig:** Ein Texter muss ein solches Gespräch vorausdenken. Denn wer Werbepost verschickt, legt den Gesprächsablauf fest: durch den Einsatz von Bildern, Headlines und schließlich durch den Text. Auch hier kann man Einwände, Fragen, Stimmungen der Zielpersonen vorausahnen und berücksichtigen. Je besser das gelingt, umso erfolgreicher ist Ihre Werbebotschaft.

Einflussfaktoren noch vor der ersten Zeile

Was Texte beeinflusst ...

Bevor Sie die erste Zeile zu Papier bringen, denken Sie in aller Ruhe nach. Machen Sie sich klar, was den Erfolg Ihrer Werbeaktion – und damit Ihren Text – beeinflusst, noch bevor die Zielperson ein einziges Wort gelesen hat.

Die zentrale Frage lautet: In welchem **Medium** bringe ich meine **Werbebotschaft** am besten an die **Zielgruppe**, um mein **Ziel** zu erreichen?

Das allgemeine **Ziel** ist klar: Ihr Text soll möglichst viele Reaktionen auslösen. Das spezielle Ziel definieren Sie aus Ihrer jeweiligen Situation heraus: Sie wollen direkt verkaufen, mehr Besucher im Ladengeschäft haben, Anfragen von Interessenten erhöhen usw. Welche Texte helfen Ihnen dabei? Hier erhöht ein gut getexteter Gutschein die Besucherzahl im Laden, dort macht eine spritzige Headline klar, dass der Leser noch in den nächsten Tagen reagieren muss.

Auch die Wahl des **Mediums** oder Instruments hat Einfluss auf den Text. Wie vermittelt man in einer halbseitigen Anzeige mit wenigen Worten alle Vorteile? Passt sich Ihr Textstil der „Schreibe" der Journalisten an – wenn Ihre Direktmarketing-Anzeige in Special-Interest-Titeln erscheint? Und im Mailing stellt bereits der Brief stilistische Anforderungen, die ein Texter beachten **muss.** Verkaufen im Internet wiederum heißt, Textinformationen in verschiedene Ebenen aufzuteilen.

Ein weiterer Faktor wirkt auf unseren Text: die **Zielgruppe**. Je genauer Sie Ihre Zielpersonen kennen, desto bessere Chancen haben Sie, die Sprache dieser Menschen zu treffen, sie sprachlich dort abzuholen, wo sie gerade stehen.

Und die eigentliche **Werbebotschaft** darf nicht nur eine Auflistung von Produktmerkmalen sein, sondern muss die Vorteile für den Leser in der richtigen Tonalität vermitteln.

Informations-Überlastung und die Folgen

Warum wir nur nur noch einen Bruchteil der angebotenen Informationen verarbeiten und welche Motive Ihnen helfen, den Leser doch zu erreichen

Nun hat sich auch die Welt, in der wir werben, verändert. Über 60 000 Markenartikel wollen beworben werden. Und Information ist schnell geworden. Immer mehr Informationen stehen zur Verfügung. Das Weltwissen verdoppelt sich heute innerhalb weniger Jahre. Unvorstellbar! Diese Informationsmenge können wir einfach nicht mehr verarbeiten. Denn obwohl sich das Wissen verdoppelt, verdoppelt sich unser Gehirn nicht mit.

In allen Lebensbereichen herrscht ein Überangebot von Informationen. Wir nehmen nur noch einen Bruchteil davon zur Kenntnis. Deshalb spricht man heute auch von der Informationsüberlastung des modernen Menschen. Ein Begriff, den die Werbewirkungsforscher um Prof. Kroeber-Riel an der Saarbrückener Universität bereits in den achtziger Jahren geprägt haben. Manche Experten sprechen hier von einer Überlastung von ca. 98 Prozent, und das bedeutet, wir können gerade einmal noch 2 Prozent der angebotenen Informationen beim ersten Kontakt bewusst verarbeiten.

2 von 100 Seiten einer Zeitschrift beim ersten flüchtigen Durchblättern, 2 von 100 Werbespots, 2 von 100 Mailings (folgt man einmal nur der Statistik und lässt individuelle Vorlieben unberücksichtigt). Wer Werbegelder ausgibt, lebt davon, unter diesen 2 Prozent der bewusst verarbeiteten Informationen zu sein. Kroeber-Riel nannte für die Werbewirkungsforschung allerdings bereits in den achtziger Jahren detaillierte Werte zur Informationsüberlastung bezogen auf einzelne Medien.

Konkret bedeutet dies zweierlei: Unsere Zielpersonen sind zunächst – wie wir selbst – überfrachtet mit Informationen. Und: Unsere Werbebotschaft steht in Konkurrenz zu anderen Medien,

33

für die unsere Zielperson sich oft bewusst entscheidet, zum Beispiel Zeitschriften, einen Fernsehfilm etc. Trotzdem leben wir davon, zunächst wahrgenommen, dann gelesen zu werden.

Was tun? Gerade im Direktmarketing ist es wichtig, möglichst schnell eine Informationskette mit dem Ziel „Reaktion" aufzubauen, die zur weiteren Beschäftigung mit Ihrer Werbebotschaft motiviert. Deshalb müssen Werbemittel den Betrachter zunächst durch Bilder, Piktogramme, Schaubilder und klare Strukturen aktivieren. Gelingt dies, beginnt der Lesevorgang.

■ Die 4 Grundmotive der Informationsaufnahme

Im Text helfen 4 Grundmotive der Informationsaufnahme, einen Leser für das geschriebene Wort zu interessieren.

1. Unser Gehirn hat die Tendenz, sich zunächst mit **einfach auszuwertenden Informationen** (z. B. Bildern) zu beschäftigen. Das gilt auch für den Text. So sind beispielsweise kurze Sätze bereits mit wenigen Augenhaltepunkten auswertbar. Ein kleines Erfolgserlebnis! Deshalb sollte Ihr Text übrigens auch in Absätze gegliedert sein. Überlegen Sie gut: Wo platziere ich meine kürzesten Absätze (vgl. auch das PS im Brief).

2. Entdecken wir **etwas Bekanntes**, sind wir eher geneigt, uns mit dieser Information zu beschäftigen.

   Haben Sie sich zum Beispiel für den Kauf eines bestimmten Automodells entschieden, fallen Ihnen plötzlich Anzeigen, Bilder, Testberichte dazu in allen Zeitschriften auf – auch wenn Sie vorher der Meinung waren, hier stehe nichts über Autos. Bei einer selbst erlittenen Krankheit wundern Sie sich, wie oft Ihr Krankheitsbild in der Presse beschrieben wird. Hier spricht man von selektiver Wahrnehmung. Auch in der Werbung macht man sich dieses Wissen zunutze.

   Überlegen Sie: Welche bekannten Dinge, welche Gemeinsamkeiten finden Sie, wenn Sie an Ihre Leser denken? Diese Punkte eignen sich hervorragend, um einen Leser an die

Hand zu nehmen und in den Text zu führen. Auch bekannte Klänge, die an bestehende Headlines oder Sprichwörter erinnern, erhalten hohe Aufmerksamkeit. Grundsätzlich gilt: Je genauer sich ein Texter, Konzeptioner oder Grafiker in die Zielperson einfühlen kann, desto größer sind die Chancen, im Prospekt, im Brief „etwas Bekanntes" für den Leser zu platzieren.

3. **Leserbezogene Vorteile (= Nutzen).** Erkennt ein Leser schnell Vorteile für sich, ist er eher geneigt, sich mit einer Information zu beschäftigen.

4. Zur Suche nach Vorteilen gesellt sich ein weiteres Motiv: **die menschliche Neugier.** Auch in der Werbung nutzt man sie: beispielsweise durch Rubbelbilder oder Stanzungen, die eine Botschaft in Teilen vermitteln. Aber Vorsicht: Eine Lösung muss in der Werbung problemlos zu erreichen sein. Ist ein „Rätsel" zu schwierig oder zu kompliziert, wird sich ein Teil der Leser nicht damit beschäftigen. Werbeleser haben keine Rätsel bestellt. Die Information muss schnell auswertbar sein. Denn wenn das Rätsel fesselt, ist aus Ihrem potenziellen Kunden ein „Rätsellöser" geworden, dessen Aufmerksamkeit nun von den werblichen Informationen weggelenkt wird. Deshalb ist Neugier zum Einstieg in einen „führenden" Text weniger geeignet. Hat der Lesevorgang jedoch begonnen, machen Sie Ihren Leser neugierig auf das, was kommt, bauen Spannung auf.

☞ **Wichtig:** Werbung steht in einer ständig wachsenden Informations-Konkurrenz. Mit den vier Grundmotiven der Informationsaufnahme haben Sie einen wichtigen Schlüssel kennen gelernt, um Ihre Zielperson in Ihr Werbemittel hineinzuführen. Ist dies einmal geschafft, führen Sie Ihr Verkaufsgespräch. Nun ist für Sie als Texter wichtig: Wie gut haben Sie dieses Gespräch vorausgedacht?

Im Kopf der Zielperson: Wenn Menschen lesen ...

> *Was im Kopf des Lesers so alles passiert und warum Lesen ein komplexer Vorgang ist, der uns viele Chancen bietet, Texte zu verbessern*

Wie funktioniert Lesen? Wie können Sie Ihren Zielpersonen die Aufnahme von Informationen erleichtern? Welche Schriften, welche Rahmenbedingungen sind zu beachten? Darum geht es in diesem Abschnitt. Im Mittelpunkt: der Kopf des Lesers – und all die Dinge, die Sie wissen sollten, bevor das Schreiben beginnt.

Schauen wir uns genauer an, was passiert, wenn Werbetexte ankommen. Denn Lesen ist ein komplexer Vorgang, der sich zunächst in drei Stufen gliedert.

Stufe 1: das Erkennen von Wörtern

Stufe 2: das Verstehen von Sätzen und Satzfolgen

Stufe 3: das Einbauen des Gelesenen in das Vorwissen

Auf jeder Stufe des Lesevorgangs laufen Prozesse im Gehirn Ihres Lesers ab. Kennt man als Texter diese Prozesse, kann man sie „gestalten".

Stufe 1: Um Wörter zu erkennen, sind drei Dinge nötig. Ein Leser muss zunächst visuell entziffern, was da steht. So können sicherlich nur noch ältere Leser die altdeutsche Druckschrift mühelos entziffern. Die eigene Handschrift liest oft nur der Schreiber ohne Schwierigkeiten. Deshalb wählen wir Schriften, die einfach zu entziffern sind.

Neben dem visuellen Entziffern codieren wir Wörter in Lautsprache zurück. Hier geht es um das so genannte innere Hören. Aus diesem Grund bewegen Menschen die Lippen beim Lesen.

Stufen des Lesevorgangs	Geistige Prozesse	Gestaltungsansatz
Erkennen von Wörtern	1. Visuelles Entziffern 2. Umkodierung in Lautsprache 3. Aktivierung von Begriffen	Leserlichkeit durch drucktechnische Beeinflussung von Text, Textanordnung und Schrift
Verstehen von Sätzen und Satzfolgen	1. Grammatikalische Struktur / Satzbau erkennen, Aufteilung in Sinn-Einheiten 2. Herstellung inhaltlicher Bezüge, „roter Faden" 3. Anknüpfung an eigenes Wissen, eigene Worte	Verständlichkeit durch sprachliche und stilistische Gestaltung
Einbau in das Vorwissen	1. Verarbeitung durch Assoziationen, Verknüpfungen, Einfälle beim Lesen 2. Verarbeitung zur Zusammenfassung des Wesentlichen	Stimulanz durch Stil, Wortwahl, Beispiele, rhetorische Mittel und klare Textstruktur

Übersicht: Was im Kopf eines Lesers passiert ...
(in Anknüpfung an Ballstedt: Schema „lernorientiertes Lesen")

37

Ein Phänomen, das Sie täglich in Bussen oder Straßenbahnen beobachten können.

Um ein Wort zu erkennen, fehlt noch ein weiterer Schritt: Die gedruckten Zeichen auf Papier muss das Gehirn des Lesers als Buchstaben erkennen – um dann durch richtige Zuordnung ein Wort zu bilden. So wird aus „einer Leiter mit einer Sprosse", „einem Halbmond mit Häkchen", „einem nach oben offenen Halboval" und „einer geschwungenen Linie" die Buchstabenkombination „H", „a", „u" und „s" – und schließlich das Wort „Haus".

Stufe 2: Um Sätze zu verstehen, muss der Leser zunächst die deutsche Subjekt-Prädikat-Objekt-Grammatik kennen bzw. in einer Satzkonstruktion erkennen. Denken Sie nur einmal an lange Schachtelsätze, die Bezüge erst auf den zweiten oder dritten Blick erkennen lassen.

Der zweite geistige Prozess: Entdecken und behalten wir den roten Faden eines Textes? Je länger und komplizierter ein Satz, desto schwieriger ist das. Denn ein Werbeleser wird kaum die Geduld aufbringen, Schachtelsätze über mehrere Zeilen zu lesen und darüber nachzugrübeln, was Sie ihm über Ihre Produkte denn nun eigentlich mitteilen wollen.

Schließlich – und das ist der dritte geistige Prozess beim Verstehen von Sätzen und Satzfolgen – sollte sich ein Wort mit dem vorhandenen Wissen des Lesers verbinden. Das geschieht nur, wenn wir es kennen. Lesen Sie „Rasenmäher", wird das Bild eines Rasenmähers aus Ihrem Gehirn abgerufen. Lesen Sie „Hrrdlbrmpft", sehen Sie nichts. Dieses Wort gibt es nicht.

Stufe 3: Der Einbau des Gelesenen in das Vorwissen geschieht durch Assoziationen, durch Verknüpfungen und durch Einfälle beim Lesen. Für den Werbetexter ist es hier besonders wichtig, durch Sprachstil und Wortwahl die richtigen Assoziationen im Gehirn seines Lesers abzurufen – doch das ist nur möglich, wenn Sie als Texter über Ihre Zielgruppe informiert sind.

Ein Beispiel:
Gehört der Leser zu einem Personenkreis, für den Rasen mähen unter den Oberbegriff „gemütliche Entspannung" fällt, dann löst das Wort „Rasenmäher" mit Sicherheit positive Assoziationen aus. Werden Sie jedes Sommer-Wochenende durch den lärmenden Rasenmäher Ihres Nachbarn geweckt, ist für Sie „Rasenmäher" eher negativ besetzt.

Wenn wir Werbeleser zu einer Reaktion führen wollen, brauchen wir jedoch positiv besetzte Begriffe.

Der Lesevorgang besteht aus drei Stufen:

• Beim Erkennen von Wörtern helfen Ihrem Leser der Einsatz leserlicher Schriften und Ihre Wort- und Textanordnung.

• Das Verstehen von Sätzen und Satzfolgen erleichtern Sie durch Ihren Sprachstil, durch kurze, klare Sätze und das Vermeiden von komplizierten Satzkonstruktionen.

• Den Einbau in das Vorwissen unterstützen Textstil, zielgruppenorientierte Wortwahl und eine klare Textstruktur.

Kapitel 3: Lesbarkeit, Verständlichkeit und viele Chancen ...

> Von der Typographie zum Pralinenschachtel-Phänomen und wissenswerte Wahrheiten über das menschliche Auge und Ihre Textstruktur

Die Lesbarkeit verbessern: Typographie und mehr

> Wie wir Texte mit den Augen „aufnehmen", ein Ausflug in die Schrift und verblüffende Folgerungen, um die Leserlichkeit Ihrer Texte zu verbessern

Was das Auge leisten kann

Experimentelle Befunde belegen, dass ein geübter Leser selten Buchstabe für Buchstabe entziffert. Das ist nur bei unbekannten Wörtern üblich. Denn das Auge gleitet beim Lesen nicht kontinuierlich über die Zeilen, es springt von Augenhaltepunkt (Fixation) zu Haltepunkt. Dabei dauert ein Augensprung 2/100 bis 5/100 Sekunden, ein Augenhaltepunkt oder eine „Fixation" gerade einmal durchschnittlich 2/10 Sekunden. In dieser Verweilzeit können Buchstaben oder Wörter erkannt werden, beim Sprung selbst verwischt die Vorlage. Der Fixationsbereich umfasst nun in normalem Leseabstand eine Kreisfläche von etwa drei Zentimetern Durchmesser. Denn unsere Netzhaut kann nur in einem Bereich von ca. zwei Grad um die Sehachse scharf sehen.

Außerhalb des Fixationsbereichs nimmt das Auge nur grobe Merkmale der Schrift wahr, die auf die unscharfe Randzone der

Netzhaut fallen. Diese Informationen reichen jedoch aus, um eine (unbewusste) Entscheidung über das nächste Sprungziel der Augen zu treffen. Dabei sind Großbuchstaben, Ober- und Unterlängen, Wortzwischenräume und Wortlängen wichtige Anhaltspunkte.

Bei geübten Lesern oder beim Lesen eines einfachen Textes „springt" das Auge gleichmäßig über die Zeile. Insgesamt stellt man nur wenige Rücksprünge (zur Vergewisserung) fest. Viele Wörter werden ganzheitlich erfasst oder aus wahrgenommenen Teilen zum vollständigen Wort rekonstruiert. Ungeübte Leser benötigen bzw. schwierige Texte erfordern dagegen mehr Fixationen und Rücksprünge bei der Auswertung eines Textes.

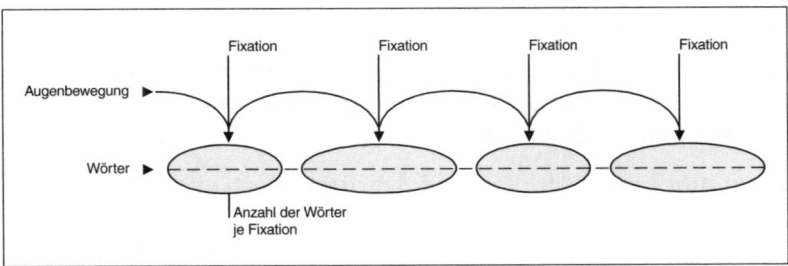

Fixationen eines geübten Lesers: Das Auge „springt" zügig über die Zeile

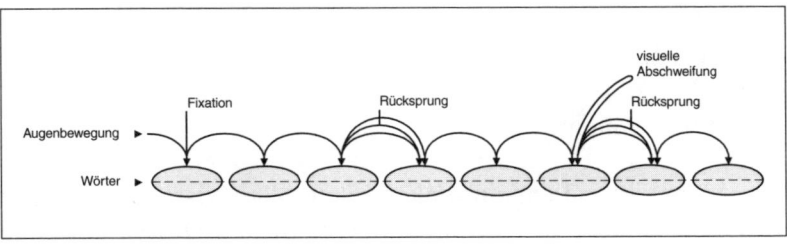

Fixationen eines ungeübten Lesers: kürzere Sprünge, d. h. weniger Worte pro Fixation, und Irritationen wie Rücksprünge (zur Vergewisserung), Abschweifungen

Ganz klar, dass Worte wie „Automobilzuliefererkonferenz", „Tapeziertischoberfläche" oder „Eröffnungsgutschein" nicht mehr ganzheitlich erfasst werden können. Wir brauchen mehrere Augenhaltepunkte – und die müssen, soll's schnell verständlich sein, auch noch Sinneinheiten liefern. Liefern Sie also solche Sinneinheiten und geben Sie dem Auge des Lesers das nächste Sprungziel vor: Aus „Automobilzuliefererkonferenz" wird die „Konferenz der Automobil-Zulieferer", und Ihr „Eröffnungs-gutschein" zeigt als „Eröffnungs-Gutschein" sofort, was in ihm steckt.

Folgen: Die „richtige" Schrift ...

Für das Schriftbild lassen sich aus diesen Erkenntnissen wichtige Grundsätze ableiten. Grundsätze, die Ihren Lesern das Erkennen von Wörtern erleichtern. Betrachten wir einmal unsere **typographischen Möglichkeiten**.

Zwar gibt es mehrere tausend Schriften, doch grundsätzlich gilt: Die optimal leserliche Schrift gibt es nicht. Denn neben der Schrift beeinflussen viele weitere Bedingungen das Lesen:

- die Beleuchtung,
- der Blickwinkel,
- die Vertrautheit mit einer Schrift,
- der Leseabstand,
- die Buchstabengröße,
- die Abstände zwischen Buchstaben und Zeilen
- und vieles mehr.

Trotzdem gibt es Gemeinsamkeiten aus allen wissenschaftlichen Untersuchungen, die zu Empfehlungen für das Direktmarketing führen. So wird eine Tatsache immer wieder bestätigt: Schriften sind dann gut lesbar, wenn die Buchstaben grafisch ausdifferenziert sind, das heißt, sie sind formenreich und deutlich voneinander unterscheidbar. Dazu tragen vor allem deutliche Ober- und

Unterlängen und die so genannten Serifen bei. Serifen sind kleine Füßchen am Ansatz oder Abschlussstrich eines Buchstabens.

Diese Serifenschriften fasst man in der Schriftfamilie der Antiqua-Schriften zusammen. Dazu gehören Schriften wie Times, Bodoni oder Courier. Daneben gibt es eine zweite große Schriftfamilie, die so genannten Groteskschriften wie Arial, Helvetica oder Univers.

Antiqua

Grotesk

Beim Lesen bilden die Serifen nun eine feine Leselinie, die dem Auge hilft, in der Zeile zu bleiben. Deshalb sind Serifenschriften etwas einfacher zu lesen als Groteskschriften. Denn hier gibt es eine Gefahr. Stehen die Zeilen zu eng beieinander, kann es passieren, dass gerade der ungeduldige Leser die Zeile verlässt und Mühe hat, beim Weiterlesen erneut den Einstieg zu finden. Trotzdem gibt es viele Unternehmen, die sich heute für Groteskschriften entscheiden. Hier sollten Sie darauf achten, dass genügend Zeilenabstand vorhanden ist. Dann wird die Leselinie, die bei einer Serifenschrift durch die Füßchen der Buchstaben gebildet wird, einfach durch die weiße Linie zwischen den Zeilen erzeugt.

Noch einige Hinweise:
Fette und magere Schriften senken die Leserlichkeit gegenüber **halbfetten** Schriften und Schriften mit normaler Strichstärke. Der Grund: Die Buchstaben bzw. die Buchstabenkonturen sind nicht mehr so leicht zu erkennen. Allerdings eignet sich **fett** oder **halbfett** hervorragend zur Hervorhebung eines **Vorteils in der Zeile** oder für den Anschreiber, das ist der erste hinführende Absatz im Prospekt.

Auch eine ungewöhnliche Schriftlage vermindert die Leserlich-keit. Das passiert beispielsweise bei Kursivschriften. Verwenden Sie *kursiv* also ebenfalls nur zur Hervorhebung kurzer Textab-schnitte. Allerdings wird kursiv immer mehr Standard beim Ein-fügen von Zitaten.

In GROSSBUCHSTABEN GEDRUCKTE TEXTE WER-DEN DEUTLICH LANGSAMER GELESEN. Die Augen fin-den wegen der fehlenden Ober- und Unterlängen weit weniger Anhaltspunkte, die Wortumrisse gehen verloren, die Zeile wirkt als unterbrochener Balken. Vorsicht also auch beim Einsatz von Großbuchstaben in der Überschrift. Wenn, dann ein möglichst kurzer Satz oder wenige Wörtchen.

Ebenso beeinflussen zu enge oder zu breite Abstände zwischen Buchstaben oder Wörtern die Leserlichkeit. Bei mageren Schrif-ten erscheinen die Buchstaben nicht mehr als einzelne Zeichen, sondern fließen ineinander. Also Vorsicht mit allen Condensed-Schriften.

Bei breiten Schriften, b e s o n d e r s   b e i   S p e r r u n g e n, er-schwert der vergrößerte Abstand zwischen den Buchstaben die Zuordnung zu einem Wort. Unter Umständen sind hier mehrere Augenhaltepunkte nötig, um ein längeres Wort zu entziffern.

`Negativschriften` sind schwerer zu lesen als positive Schriften.

Schriften sind schwerer lesbar bei `unruhigem Hintergrund`, oder wenn zu `geringer Kontrast` zum Hintergrund besteht.

Auch die Schriftgröße beeinflusst die Lesbarkeit:

Gut lesbar: im Fließtext des Prospekts 8 bis 12 Punkt, im Brief optimal 12 Punkt (bei Times) oder 11 Punkt (Arial).

> ☞ **Wichtig:** Empfehlenswert für Ihren Text sind Groß-, Kleinschreibung, Serifenschriften, schwarze Schrift auf weißem Grund. Alles andere eignet sich für vereinzelte Hervorhebungen, nicht jedoch im Fließtext.

Verständlicher durch klare Textstruktur

> *Textstruktur, Formales und wie Sie dadurch die Aufnahme Ihrer Texte erleichtern*

Das Pralinenschachtel-Phänomen

Beachten Sie an dieser Stelle gleich noch einige Tipps, die das Texten erleichtern:

Ein unstrukturierter Text, das heißt, ein Text, der nicht in Absätze gegliedert ist und ein Blatt von oben bis unten füllt, gibt das Signal: Ich bin schwer auszuwerten.

Präsentieren Sie Ihre Vorteile deshalb in vielen klaren Absätzen, die etwa zwischen 3 und 7 Zeilen lang sind. So argumentiert übrigens auch ein guter Verkäufer. Er überschüttet sein Gegenüber nicht mit einem Redeschwall, sondern er spricht Vorteil für Vorteil an. Präsentieren Sie Ihre Vorteile deshalb in vielen klaren Absätzen, die etwa zwischen 3 und 7 Zeilen lang sind. So argumentiert übrigens auch ein guter Verkäufer. Er überschüttet sein Gegenüber nicht mit einem Redeschwall, sondern er spricht Vorteil für Vorteil an. Präsentieren Sie Ihre Vorteile deshalb in vielen klaren Absätzen, die etwa zwischen 3 und 7 Zeilen lang sind. So argumentiert übrigens auch ein guter Verkäufer.

Präsentieren Sie Ihre Vorteile deshalb in vielen klaren Absätzen, die etwa zwischen 3 und 7 Zeilen lang sind.

So argumentiert übrigens auch ein guter Verkäufer. Er überschüttet sein Gegenüber nicht mit einem Redeschwall, sondern er spricht Vorteil für Vorteil an.

Präsentieren Sie Ihre Vorteile deshalb in vielen klaren Absätzen, die etwa zwischen 3 und 7 Zeilen lang sind.

So argumentiert übrigens auch ein guter Verkäufer. Er überschüttet sein Gegenüber nicht mit einem Redeschwall, sondern er spricht Vorteil für Vorteil an.

Präsentieren Sie Ihre Vorteile deshalb in vielen klaren Absätzen, die etwa zwischen 3 und 7 Zeilen lang sind. So argumentiert übrigens auch ein guter Verkäufer. Er überschüttet sein Gegenüber nicht mit einem Redeschwall, sondern er spricht Vorteil für Vorteil an. Dies nennt man das „Pralinenschachtel-Phänomen". Ein Stück kommt zum anderen – und die Kombination ergibt das süße Ganze.

Übrigens gibt auch ein in Absätze gegliederter Text ein Signal: Ich bin schnell und einfach auszuwerten. Absatz für Absatz – und dieses Gefühl wollen wir ja unseren Werbelesern vermitteln. Vergleichen Sie nur einmal den ersten Eindruck beim Betrachten der Textabschnitte auf der vorhergehenden Seite.

Sorgen Sie also für klare Absätze, und texten Sie Headlines zu jedem Absatz. Schon durch die Headlines vermitteln Sie eine klare Textstruktur. Je kürzer ein Absatz, umso deutlicher signalisiert er schnelle Auswertbarkeit.

Vordergrund – Hintergrund

Unterlegungen und Kästen rücken den so markierten Text in den Vordergrund. Ihr Leser sollte hier tatsächlich wichtige Informationen finden. Ähnliches gilt bei Hervorhebung bestimmter Textteile durch Markerstriche, Unterstreichungen, Fett- und Kursivschriften. Setzen Sie grafische Mittel zur Hervorhebung nur sparsam in Ihren Texten ein. Zu viele verschiedene Arten der Hervorhebung verunsichern den Leser.

Zeilenlänge und Zeilenabstand

Noch eine wichtige Information: In Bezug auf die Leserlichkeit gibt es eine **Wechselwirkung zwischen Zeilenlänge und Zeilenabstand**. Je kürzer die Zeile, desto geringer kann der Abstand zwischen den Zeilen ausfallen. Eine Faustregel für den Zeilenabstand: Erfahrene Typographen nehmen als Raum zwischen den Zeilen die Höhe der Mittellänge (also der Buchstabe ohne Ober- und Unterlänge wie a, o, u.). Eine Faustregel für die Zeilenlänge: Kurze Zeilen, die mit wenigen Fixationen ausgewertet werden, sind für die Lesenden angenehmer als lange Zeilen. Deshalb werden Zeitungen auch im Spaltensatz gesetzt. Ideal sind etwa 45 Zeichen pro Zeile, weniger als 35 oder mehr als 60 Zeichen pro Zeile sollte man meiden.

Bleiben Sie linksbündig

Wählen Sie linksbündigen Flattersatz. Blocksatz vermittelt einen geschlossenen Eindruck und sorgt für Irritation durch große und wechselnde Wortabstände. Linksbündiger Text entspricht unserer normalen Leserichtung und ist einfacher zu lesen als rechtsbündige oder zentrierte Gesamtkunstwerke. Außerdem setzt Blocksatz unter Umständen „weiße Löcher" in Ihren Text. Und die wirken wie Bildelemente und werden bei der ersten, schnellen Betrachtung eines Werbemittels durch das Auge angesprungen: eine Fixation mit dem Inhalt „nichts".

Wie berücksichtigt man nun all diese Vorgaben und, vor allem, wie setzt man Sie um und schreibt einen gut lesbaren, verständlichen Text, der auch noch zur Reaktion animiert?

Im folgenden Kapitel geht es bereits um die Eckdaten für Ihren Text.

Halten wir hier kurz an ...

- Sie haben eben einen Blick in den Kopf des Werbelesers geworfen. Wie verhält es sich mit Ihren bisherigen Werbetexten? Welche Schrift haben Sie gewählt? War Ihr Text leicht zu entziffern? Konnte Ihr Leser den roten Faden behalten, oder hatte er Mühe, Ihre Sätze zu verstehen? Und haben Ihre Worte die richtigen Assoziationen ausgelöst?

- Wie steht es mit der Textstruktur in Ihren Werbemitteln? Haben Sie das Pralinenschachtel-Phänomen beachtet? Sie wissen ja: Durch strukturierte Textanordnung erhöhen Sie die Lesbarkeit Ihrer Texte.

- Vielleicht haben Sie jetzt auch erste Ideen zur Textoptimierung entwickelt. Nehmen Sie sich einige Sekunden Zeit, um nochmals über das Gelesene nachzudenken und erste Notizen zu machen.

Kapitel 4: Über Chaos in der Feder und Krämpfe im Kopf

> *Wie man Informationen richtig strukturiert, eine Tonalität festlegt und Schreibblockaden überwindet*

Das Briefing: Von der Information zum Kundenversprechen

> *Wie Sie Informationen strukturiert erfassen und Ihren Werbetext vorbereiten*

Jeder Text beginnt mit einem Briefing. Mit einem ersten Informationsgespräch zwischen Auftraggeber und Texter. Jetzt heißt es für den Texter: aufpassen, aufpassen, aufpassen! Denn er muss mit seinem Gesprächspartner Wichtiges von Unwichtigem trennen, die Begeisterung seines Gegenüber für technische Details auf den Kundennutzen eingrenzen und ein neues Produkt verstehen.

Briefing-Gespräche sollten einer klaren Struktur folgen. Und diese Struktur aufzubauen wird immer mehr eine Aufgabe des Texters. Wenn Sie übrigens Texter und Auftraggeber „in einer Person sind", dann helfen Ihnen die folgenden Angaben ganz besonders. Denn gerade, wenn man über das eigene Angebot schreibt, fällt es viel schwerer, die wesentlichen Argumente für einen Leser, der Ihr Produkt noch nicht kennt, herauszuarbeiten.

Stellen wir uns vor, Sie sitzen, den Kopf voll mit Informationen, in Ihrem Büro. Jetzt gibt es zunächst fünf Ansatzpunkte, die Ihnen helfen, die Masse der Information zu strukturieren und festzulegen, welche Daten Sie noch benötigen:

■ Ansatzpunkt 1: Die Zielgruppe

Sammeln Sie alle Informationen zur Zielgruppe, die Sie erhalten können. Befragen Sie Ihren Außendienst. Sprechen Sie mit Ihren Kunden. Lesen Sie aufmerksam die Datenkarten der Adressverlage, falls Sie Brokeradressen einsetzen. Wie sieht Ihr typischer Kunde aus? Kennen Sie jemanden aus der Zielgruppe? Stellen Sie ihn sich so konkret vor, bis ein Bild vor Ihren Augen entsteht. Für diesen Menschen werden Sie schreiben.

■ Ansatzpunkt 2: Die eigene Werbung und die Werbung der Konkurrenz

Sehr wichtig zu wissen, was die Konkurrenz Ihrer Zielgruppe schickt, denn Ihr Mailing soll sich von dem der Konkurrenz abheben. Ihr Vorteil muss stärker sein als der Vorteil der Konkurrenz. Ihr Auftritt muss anders sein als der Auftritt der Konkurrenz. Prüfen Sie Ihre eigene Werbung. Gibt es Ansatzpunkte für das nächste Mailing? Finden Sie Argumente, die die Konkurrenz nicht verwenden kann? Noch nicht verwendet hat?

■ Ansatzpunkt 3: Sind die Vorteile für den Leser klar und sind sie gewichtet?

Klar meint: Sind die Vorteile Ihres Produkts oder Angebots leserbezogen formuliert? Leserbezogene Vorteile sind Nutzen – und Nutzen entstehen, wenn ein Vorteil in die Lebenswelt des Lesers transportiert wird.

In einem Seminar hörte ich folgendes Beispiel für leserbezogenes Formulieren. Das Thema waren „Fahrräder". Der Produktvorteil oder das Produktmerkmal eines neuen Fahrrads war sein geringes Gewicht. Es war aufgrund eines neuartigen Alurahmens „superleicht". Der Vorteil für den Leser oder Nutzen ist jedoch: Sogar die Großmutter, der Großvater, die Kinder können dieses Fahrrad ganz einfach in den Keller tragen. Finden Sie also die richtigen Nutzenargumente für Ihre Leser.

Dann folgt die Gewichtung der leserbezogenen Vorteile oder der Nutzen. Diese Gewichtung ist ganz besonders wichtig für alle Bestandteile Ihres Werbeauftritts. Wo steckt in der Masse der Informationen, die Sie im Briefing erhalten haben, der USP, der so genannte einzigartige Verkaufsgrund (Unique Selling Proposition). Listen Sie die leserbezogenen Vorteile Ihrer Produkte auf. Welche müssen auf dem Prospekt-Titel kommuniziert werden? Welche sind geeignet für die Headlines, und welche sind Zusatzvorteile, die Sie erst im Text erwähnen?

■ **Ansatzpunkt 4: Suchen Sie Synonyme für Schlüsselwörter**

Synonyme sind bedeutungsgleiche bzw. sinnverwandte Wörter. So lassen sich für das Wort „Haus" viele Synonyme finden, die exakter sind: „Villa", „Palast", „Ruine", „Barracke" usw. Für ein Verb wie „gehen" finden wir „schlendern", „spazieren", „laufen" usw. Mit einer Sammlung von Synonymen fällt es Ihnen oft leicht, spannende Texte zu schreiben, ohne immer wieder denselben Begriff zu wiederholen. Außerdem klärt die Sammlung von Synonymen das Verständnis. Denn Sie wählen am besten das treffende Wort für Ihre Zielgruppe.

■ **Ansatzpunkt 5: Übersetzen in Klartext**

Sie haben alle technischen Details verstanden und einmal in eigener Sprache umschrieben. Gerade im technischen Bereich sind Texter Übersetzer. Produktentwickler sind produktverliebt, sprechen im Fachjargon und kennen den treffenden Begriff für jedes winzige Detail. Hüten Sie sich vor diesem Firmenjargon! Auch wenn Ihr Produktentwickler bestimmte Worte benutzt, muss das nicht heißen, dass Ihr Leser diese Worte versteht. Übersetzen Sie also Begriffe in klare, verständliche Sprache.

Hier legen Sie auch gleich eine Liste für das so genannte Re-Briefing an. So nennt man das Folgegespräch zwischen Texter und Auftraggeber, in dem offene Fragen geklärt werden. Wenn Sie diese fünf Ansatzpunkte durcharbeiten, werden Ihnen viele Fragen einfallen. Diese Fragen müssen auf eine Liste, und diese

Liste ist Ihr Grundlagenpapier für das Wiederholungsgespräch mit den Auftraggebern oder den Produktentwicklern.

Die folgende Checkliste für das Briefing hilft Ihnen, das erste Informationsgespräch noch weiter zu strukturieren. Probieren Sie's einfach einmal aus.

Checkliste

1. Produkt/Dienstleistung

➤ *Alle relevanten Daten! Preis!*
➤ *Produkt mit Menschen/in Funktion?*
➤ *Produktverwandtes Angebot?*
➤ *Abgrenzen zum Vorgänger (neue Generation)*
➤ *Zusatz-Informationen? Testimonials? Werbehistorie?*

2. Zielpersonen

➤ *Genaue Definition*
➤ *Adressen bekannt?*
➤ *Adressen unbekannt?*

3. Ziel

➤ *Einstufiges/mehrstufiges Verkaufen?*
➤ *Zielgröße und gewünschte Reaktion der Zielgruppe*
➤ *Besuch? Anruf?*
➤ *Antwortkarte/-fax/Coupon/Fragebogen zurück?*
➤ *Sonstiges Ziel?*

4. Werbemittel/Medium

➤ *Wenn es noch nicht feststeht*

---

5. Abgrenzen zur Konkurrenz

➤ *Konkurrenzprodukte*
➤ *Marketing-/Werbemaßnahmen der Konkurrenz*

6. Vorteile listen und in Nutzen übersetzen

➤ *Übersetzungsformel: „... das bedeutet für Sie ..."*

7. Hauptnutzen festlegen

➤ *Prioritäten/Zielgruppenbezug?*

8. Follow-up und Service

➤ *Was bekommt der Kunde nach seiner Reaktion?*
➤ *Welche weiteren Aktionen sind geplant?*

Sammeln Sie „Rohmaterial"

Wie Sie sich mit Leitfragen an ein Angebot herantasten, die Grenzen der Sprache erkunden und sich die Welt Ihrer Zielgruppe erschreiben

Mit Leitfragen arbeiten

Durch das Briefing haben Sie alle wichtigen Informationen gesammelt. Informationen zur Zielgruppe, zur Werbung, zur Konkurrenz, zu den technischen Details. Sie haben Synonyme gefunden und alle Vorteile gewichtet. Jetzt geht es um weitere Informationen, die nicht auf Datenblättern stehen und die (noch) nicht im Briefing erwähnt wurden – es geht um Rückschlüsse, die Ihre Vorstellungskraft anregen. Dabei helfen Ihnen die folgenden Leitfragen:

Zum Produkt:

➤ Wie arbeitet Ihr Produkt in Funktion? Welche Bewegungen, Geräusche, Handgriffe können Ihnen helfen, Ihr Angebot besser zu beschreiben?

➤ Wie wird es angewendet? Stellen Sie sich Ihr Produkt mit Menschen vor: Wie arbeiten Ihre Zielpersonen mit diesem Produkt?

➤ Wie oft wird es gebraucht? Wie lange setzt man es ein?

Denken Sie auch noch einmal intensiv über die **Zielgruppe** nach. „Zielgruppe" ist ein Begriff, der uns oft den Blick verstellt. Sie schreiben ja nicht an eine ganze Gruppe, sondern Sie schreiben an eine bestimmte Zielperson. Die „Zielgruppe" ist also eine Summe von Einzelpersonen mit einer bestimmten Biografie – und jede Einzelperson liest ganz für sich allein. Es ist persönliche Post – auch wenn Sie gerade 10 000 Mal dasselbe Mailing verschickt haben. Also überlegen Sie: Wer liest? Und kenne ich Menschen meiner Zielgruppe?

Ausgehend von der Zielgruppe, beginnen Sie nun eine passende **Erlebniswelt** aufzuspannen. Nun sind Ihre Grafiker gefordert. Denn Erlebniswelten berücksichtigen nicht nur Ihre Zielgruppe, sondern vor allem Ihr Produkt. Die Grundfrage zum Thema Erlebniswelt lautet: In welchem Rahmen präsentiere ich meiner Zielgruppe mein Produkt? Da heißt es, etwas sensibel zu sein. Das Produkt „Filzhüte" passt nicht ins Theater. Ein Filzhut passt eher in eine Umgebung wie Berge, passt zur Wanderung oder zur Jagd. Grobe Filzhüte präsentieren Sie anders als schicke Damenhüte. Zu jedem Produkt gibt es zahlreiche Möglichkeiten, es in eine passende Erlebniswelt zu setzen. Verwenden Sie etwas Zeit darauf, sich diese Erlebniswelt vorzustellen.

Über Dichter, Texter, Tonalitäten und die Grenzen der Sprache

Was die Erlebniswelt für die Grafik, ist die Wahl der richtigen Wörter für den Text. Denn Wörter benennen die Welt und begrenzen sie. Was sprachlich nicht formuliert werden kann, kann auch nicht in die Welt. Ganz klar, dass Dichter schon immer aus diesem Sprachgefängnis ausbrechen wollten. So soll Höderlins literarischer Wortschatz bei 7 500 Wörtern gelegen haben, Theodor Storm standen etwa 22 500 oder Goethe gar über 24 000 Wörter aktiver Wortschatz zur Verfügung. Flexionen, das heißt Beugungen wie „Baum", „des Baumes", „Bäume" etc., werden dabei nicht mitgerechnet.

Im Durchschnitt gibt es für jedes deutsche Wort fünf Flexionen und damit wohl im deutschsprachigen Raum bis zu einer Million Wortformen, schildern die Software-Entwickler von Sprachsystemen eines der großen Probleme ihres Fachs. Eine Million!

Und der erwachsene Mensch: Viele Erwachsene haben, so das Magazin *Geo* in seinem Heft 6/97, in unserer Zeit immerhin zwischen 8 000 und 16 000 Begriffe beim Formulieren zur Verfügung.

Wie steht es nun aber um das Sprachgefängnis des Texters? Fakt Nr. 1: Ein Werbetexter im Direktmarketing muss verstanden werden, wenn er verkaufen will. Wählt er die falschen Begriffe, kommt keine Bestellung.

Also geht es darum, diese „richtigen" Begriffe zu finden. Das heißt für Werbetexter, sich „einzulesen", ein Zielgruppen-Vokabular zu erfassen, ein Gefühl für den richtigen Ton zu entwickeln. Profis sprechen hier von *Tonalitäten* oder dem *tone of voice*. Denn ein Satz kann – bei derselben inhaltlichen Aussage – in vielen Formen wiedergegeben werden. Denken Sie nur einmal an die Erscheinungsformen ein und derselben Nachricht in unterschiedlichen Printmedien:

„Dieses Bett wird Sie sanft in Morpheus Arme entführen."

Oder:

„In der Kiste kannst du ganz toll pennen."

Wie „sprachmächtig" ist Ihre Zielgruppe? Finden Sie heraus, was von dieser Sprachfähigkeit bleibt, wenn die Zielperson unkonzentriert ist, nicht lesen will. Stichwort „ungeliebter Lesestoff". Denn das sind Mailings, Prospekte, Flugblätter nun einmal.

Sicherer Anhaltspunkt ist immer der aktive „Sprech"-Wortschatz Ihrer Zielgruppe. Diese Worte werden oft gebraucht, sind auch bei niedriger Konzentration präsent und bieten dem Texter Sicherheit bei der Konstruktion einfacher Sätze. Für Klarheit und hohe Aufmerksamkeit sorgen wiederum weniger oft verwendete Begriffe, die als passiver Wortschatz gespeichert sind. Sie rufen exakte Bilder ab, zeichnen scharfe Konturen und bringen konkrete Bilder in unsere Texte.

Bis hier haben Sie viele Informationen erhalten, die Ihnen helfen, Produktangaben zu systematisieren und Ihren Werbetext vorzustrukturieren. Ganz sicher fällt Ihnen bei der Arbeit mit der Checkliste zum Briefing bereits die ein oder andere Formulierung oder Bildidee ein. Notieren Sie, was da kommt! Denn diese spontanen Ideen sind weiteres Rohmaterial, das zu noch besseren Texten führt.

☞ **Wichtig:** Orientieren Sie sich beim Texten zunächst an der gesprochenen Sprache Ihrer Zielgruppe. Der aktive Wortschatz ist gewohnter Wortschatz und auch bei niedriger Konzentration präsent.

Optimieren Sie Ihre Texte durch exakte Begriffe, die Ihre Zielgruppe allerdings mühelos verstehen muss. Und die sind meist im passiven Wortschatz gespeichert.

56

Material haben Sie nun genug! Jetzt geht's an den ersten Textentwurf. Doch auch hier bremsen wir uns manchmal selbst.
Lesen Sie jetzt, wie Sie Schreibblockaden ganz einfach überwinden ...

Wenn der Schreibtisch das Schreiben verhindert ...

> *Wie Sie Schreibblockaden schnell überwinden und ein*
> *wichtiges Geheimnis über den Schreibprozess für sich*
> *nutzen*

Bisher ging es darum, die nötigen Informationen einzufordern
und zu strukturieren, damit das Texten beginnen kann. Der folgende Teil beschäftigt sich ausführlich mit Ihrem Einstieg in den
Text. Er zeigt Ihnen, wie Sie Schreibblockaden überwinden und
schnell erste Texte produzieren.

Jetzt kann's also losgehen! Sie haben genügend Daten gesammelt, alle Informationen für sich strukturiert, alle Produktmerkmale in Nutzen übersetzt und wollen loslegen. Nicht immer gelingt das. Denn wer textet, kennt diese Situation: Die richtigen
Worte wollen sich einfach nicht einstellen. Sie sitzen am Schreibtisch – und „nichts geht". Jetzt helfen Ihnen einige einfache
Techniken.

■ Tipp Nr. 1: Bleiben Sie entspannt!

Bleiben Sie nicht am Schreibtisch. Bewegen Sie sich. Bewegung
lässt Ihr Blut zirkulieren, sorgt für bessere Durchblutung des Gehirns und entspannt. Setzen Sie sich nicht selbst unter Stress. Oft
hat man gerade in den unmöglichsten Situationen die besten
Ideen. Es gibt Profi-Texter, die ihre besten Headlines unter der
Dusche entwickeln, beim Joggen, beim Spazierengehen. Die
kreative Idee ist nicht an Ihren Schreibtisch gebunden.

Oft kommt die Headline oder der Titelentwurf erst abends, wenn der Alltag „abfällt". Das ist nicht verwunderlich. Wie wir aus der neueren Gehirnforschung wissen, können Informationen unter Stress im Gehirn nicht weitergeleitet werden. Denn Denken ist – etwas vereinfacht – die Weiterleitung elektrischer Impulse von Nervenzelle zu Nervenzelle in unserem Gehirn. Nur wenn wir entspannt sind, sorgen so genannte Transmittersubstanzen für den Transport des elektrischen Impulses. Stehen wir unter Stress, werden an der Verbindungsstelle zweier Zellen Substanzen ausgeschüttet, die nicht leitfähig sind. Ihr Gedanke bleibt im wahrsten Sinne des Wortes stecken.

Noch etwas kommt hinzu: Bei Messungen der Hirnströme wurden unterschiedliche Schwingungszustände festgestellt. Im Alpha-Zustand (übrigens der Hirnschwingungs-Zustand, in dem sich ein Schulkind die meiste Zeit befindet) sind wir kreativer, lernen leichter und lassen unserer Fantasie freie Bahn. Erwachsenen-Hirne schwingen schneller im so genannten Beta-Zustand. Ein Zustand, der durch Stress und viele kleine Flucht- und Abwehrreaktionen gekennzeichnet ist. Der Grund: Ständig begegnet uns Neues. Kein Wunder, bei einer durchschnittlichen Informations-Überlastung von 98 Prozent. Wer unter (negativem) Stress steht, kann nichts mehr aufnehmen, kann nicht kreativ sein und kann auch nicht texten.

Gönnen Sie sich also eine Pause bei Ihrer Lieblingsmusik. Entspannen Sie sich! Sie werden merken, wie Ideen in Ihr Gehirn strömen. Eine weitere Möglichkeit: Suchen Sie das Gespräch. Ganz besonders hilfreich ist das Gespräch mit Ihren Grafikern. Warum? Der Grafiker liefert Ihnen zu den Produkt-Informationen, die Sie weitergeben, Bildideen. Doch nicht immer ist es möglich, den Schreibtisch zu verlassen oder mit Musik zu entspannen. In den seltensten Fällen hat Ihr Unternehmen einen Kreuzgang, in dem Sie wie ein Mönch wandeln und nachdenken können. Oft „fesselt man" Ihre Kreativität an den Schreibtisch. Doch auch hier gibt es Tipps zur Überwindung der Schreibblockaden.

■ Tipp Nr. 2: Schreiben Sie gesprochene Sprache

Ganz sicher kennen Sie das: Kaum beginnen Sie mit Ihrem Text, schleichen sich umständliche Formulierungen ein. Satzmonster tauchen auf und lassen Sie sofort unzufrieden werden. Dem lässt sich abhelfen. Bemühen Sie sich doch, „gesprochene Sprache" zu schreiben. Wie's geht? Stellen Sie sich vor, Sie schreiben auf, was Sie am Telefon sagen würden, oder – noch besser – sprechen Sie Ihren Text einfach auf ein Diktiergerät. Allerdings ohne Satzzeichen. Denn nichts ist besser geeignet als die diktierte Interpunktion, Sie sofort wieder in den umständlichen Korrespondenzstil zurückzuwerfen. Sprechen Sie einfach!

☞ **Wichtig:** Perfektion blockiert. Schreiben Sie Rohtext, nicht Reintext. Ein wichtiger Grund für Schreibblockaden ist unser Bestreben, gleich druckreif zu schreiben. Wir warten auf das treffende Wort, streichen immer wieder, werden immer unzufriedener und quälen uns beim Schreiben.

Denken Sie daran: Texten ist ein Prozess. Und hier steht der Rohtext am Anfang. Ein breiterer, ausführlicher Text, der noch nicht druckreif ist. Er entsteht schneller, macht mehr Spaß und umgeht den Zwang zur Perfektion. Erst wenn der Rohtext steht, beginnt die strukturierte Bearbeitung zum Reintext. Diesen Vorgang nennt man Redigieren.

Wie das funktioniert, erfahren Sie in Kapitel 8. Überwinden Sie also mit Tipps dieses Kapitels Ihre Schreibschwellen und schreiben Sie Ihren Rohtext!

■ **Tipp Nr. 3: Schreiben Sie an einen Freund**

Stellen Sie sich vor, Sie schreiben einen Brief an einen Freund. Vielleicht gibt es sogar einen Freund, der zu Ihrer Zielgruppe gehört. Plötzlich verändert sich Ihr Schreibstil. Denn einem Freund würden Sie wohl nie schreiben: „Sehr geehrter Dieter, hiermit teile ich dir mit ...", sondern eher „Lieber Dieter, heute habe ich eine spannende Nachricht für dich ...". Und dieser Text liegt schon ganz nah am Werbetext.

■ **Tipp Nr. 4: Nutzen Sie Kreativ-Techniken**

Kreativ-Techniken gibt es viele. Einige helfen Ihnen, sich selbst zu entspannen. Andere greifen direkt in den Schreibprozess ein. Lehnen Sie sich entspannt zurück, und denken Sie an etwas besonders Schönes. Machen Sie ein Mini-Brainstorming mit sich selbst. Das sind Möglichkeiten, sich am Schreibtisch zu entspannen. Eine Technik möchte ich Ihnen besonders empfehlen. Sie liefert Ihnen direkt Rohmaterial für Ihren Text: das freie Assoziieren. Die folgende Übung zeigt Ihnen, wie's geht. Die Grundidee: Jedes Wort führt zu weiteren Assoziationen, Ideen, Sprachbildern, Bedeutungen. Produzieren Sie einfach Sprachbilder. Malen Sie mit Worten und ohne „Schere im Kopf". Hier ist ein Begriff vorgegeben. Ersetzen Sie Ihn doch einfach durch Ihre eigenen Schlüsselwörter:

Notieren Sie jeweils drei spontane Satzbilder oder Begriffe, die das folgende Reiseziel für Sie treffend charakterisieren:

Schottland:

. . . .
. . . .
. . . .

Jagen Sie mit wehenden Röcken und einer Flasche Malz-Whisky über saftige Wiesen in Schottland? Sehen Sie das Ungeheuer von Loch Ness oder die Kunststadt Edinburgh? Schlossgeister, Moore, Burgen?

Sie sehen, all diese Bilder erzeugen weitere Gedanken, die sich zu effektvollen Rohtexten aufbauen lassen. Wichtig ist hier: Man kommt den vielen Assoziationen auf die Spur, die ein Wort auslösen kann. Für den Werbetext entscheidend ist zu wissen, welche Assoziation ein Wort im Kopf Ihres Lesers auslöst. Doch es gibt noch weitere Möglichkeiten, Ihre Kreativität anzukurbeln.

■ **Tipp Nr. 5: Der Wechsel in die Fremdsprache**

Farbige Texte entstehen, wenn wir Zugangswege zu den Bildwelten in unserem Kopf und dem Kopf unseres Lesers öffnen. Doch manchmal liefert ein Wort kein brauchbares Bild oder ist negativ besetzt. Wurden Sie einmal von einem Hund angefallen und gebissen, können Sie zum Wort „Hund" kaum positive Assoziationen entwickeln. Wechseln Sie jetzt einfach die Sprache. Das Wort „dog" erzeugt ganz andere Gedanken. Vielleicht fällt Ihnen jetzt Ihre Schulzeit ein, Ihr erstes Englischbuch? Vielleicht war hier, wie in meinem Schulbuch, der Hund blau gezeichnet. Diese Bildwelten im Kopf machen es übrigens auch so schwierig,

Texte in eine andere Sprache zu übertragen: Denn während der Deutsche beim Wort „Gabel" die Gabelung assoziiert, assoziiert der Spanier bei seinem Wort für Gabel, „tenedor", das Wort „tener" mit der Bedeutung „halten", „festhalten", „fassen" oder auch „besitzen". Der Spanier wird also, ohne sich dessen in seinem Leben jeweils bewusst zu werden, mit der Gabel die Auffassung von „festhalten" verbinden.

■ Tipp Nr. 6: Machen Sie Ihr Produkt „persönlich"

Ihre Sprachbilder sind da, Ihr Wortschatz steht, und jetzt würden Sie schreiben, wenn nur das Produkt nicht so fürchterlich prosaisch wäre. Besonders bei schwer verständlichen, technischen Produkten hat es der Texter schwer, echte Begeisterung zu erzeugen. Hier gibt es einen einfachen Kniff: Machen Sie Ihr Produkt persönlich, und verleihen Sie ihm menschliche Eigenschaften. Dadurch werden trockene technische Dinge plötzlich verständlich und vor allem nachvollziehbar. Jetzt steht Ihnen der Wortschatz des menschlichen Handelns zur Verfügung – und den kennt jeder Leser. Machen Sie aus Ihrem Handbuch mit Mustertexten einen „unentbehrlichen Ratgeber", einen „Experten", einen „Spezialisten", der dem Leser stets zur Seite steht. Ihre Software-Datenbank wird zum „Organisationstalent". Der PC zum „Kollegen Computer" und das Kochbuch wird zu einem „Meisterkoch". Und mal ganz ehrlich: Klingt es nicht wesentlich eleganter als „Kaufen Sie dieses Kochbuch", wenn Sie schreiben: „Holen Sie sich einen Meisterkoch in die Küche"?

Los geht's mit Ihrem Rohtext ...

* Wenn Sie dieses Buch von vorne nach hinten durcharbeiten, wird es jetzt Zeit für Ihren Rohtext. Mit den Inhalten der vorangegangenen Kapitel haben Sie Ihre Informationen sicher strukturiert und Produktmerkmale in Vorteile übersetzt. Welche Texte Sie an welcher Stelle brauchen, erfahren Sie in den Kapiteln, die sich um die einzelnen Instrumente drehen. Hier beschäftigen wir uns mit der Konzeption. Doch um jetzt gleich zu beginnen, machen Sie sich noch einmal klar: Ihr Leser will Vorteile entdecken. Stellen Sie sich doch einmal „in die Schuhe des Lesers" und fragen Sie sich: Welche Vorteile habe ich zu bieten?

* Ihre Antwort sollte jetzt die Vorteile Ihres Angebots vermitteln. In Direktansprache!

* Können Sie Ihr Produkt persönlich machen? Sprechen Sie Ihren Rohtext am liebsten auf Band? Keine Angst! Ist ein Thema erst einmal geschrieben, ist der Rest strukturiertes Bearbeiten oder Redigieren. Ab jetzt begleitet Sie Ihr Texterbuch auf dem Weg vom Rohtext zum Reintext!

Kapitel 5: Texten heißt führen

Eine Reise zu den Sätzen, Wörtern, Satzzeichen; gute Gründe, persönlich und positiv zu schreiben, und erste Tipps, wie Sie die Hand Ihres Lesers bis zur Bestellung halten

Eigentlich ist es einfach. Sobald der Blick des Lesers auf unser Mailing, unseren Prospekt, unsere Anzeige fällt, führen wir ihn bis zur Bestellung. Zuerst durch Bilder, Headlines, Unterstreichungen, denn in der ersten Begegnungsphase mit Werbepost wird selten gelesen. Das Auge des Lesers zieht zunächst über die einzelnen Seiten und nimmt Bilder, Headlines und Grafiken auf. Im Mailing dauert dieser Vorgang im Schnitt etwa 20 Sekunden. Ist die so entstehende Informationskette interessant genug, lesen wir.

In der Grafik sprechen wir hier von Blickführung. Im Text sprechen wir von Spannung, Dramaturgie, klaren, einfachen Sätzen, direkter Ansprache und Führungsfloskeln. Wer verkauft, führt. Denn wir dürfen den Leser, liest er einmal, nicht verlieren.

Die Eckdaten für Ihren Text

Über Verständlichkeits-Formeln und die Folgen für Wort- und Satzlängen

Und los geht's. Material haben Sie nun genug gesammelt. Jetzt geht es um klare Gedanken und eine geradlinige Konzeption. All das sind Dinge, die für Ihren Verkaufstext notwendig sind. Doch vor all dem stehen noch einige Grundsätzlichkeiten. Eckdaten der Direktwerbesprache, die Sie kennen lernen sollten, bevor Sie loslegen. Wichtig ist hier: Keine der folgenden Zielvorgaben ist

„in Beton gemeißelt". Variieren Sie! Brechen Sie die Regeln! Aber orientieren Sie sich im Großen und Ganzen an den folgenden Vorgaben!

Lange Sätze, kurze Sätze – und eine der großen Fallen des Direktmarketing

Was ist das nur in diesem unserem Land: Manchmal wirkt es fast unseriös, kurz, klar und einfach zu schreiben. Wir lieben unsere Schachtelsätze, quälen uns durch komplizierte Texte und kommen gar nicht auf die Idee, uns zu fragen, ob's nicht auch verständlicher ginge. Im Direktmarketing ist das ganz anders. Da müssen wir uns diese Frage stellen. Denn wenn ein Leser nicht versteht, wird er nicht bestellen. So einfach ist das. Jetzt steht der Firmengewinn auf dem Spiel, der Erfolg Ihres Unternehmens, der Gehaltsscheck. Und schon ist da genügend Motivation, kurz und klar zu formulieren.

Dabei sprechen so viele Gründe dafür, denn lange Sätze oder gar Schachtelsätze machen es einem Leser schwer, den roten Faden zu behalten. Darum zeichnen sich Direktmarketing-Texte durch kurze, klare Sätze aus. Und wer textet, weiß: Es ist oft weit schwieriger, komplexe Sachverhalte kurz und klar darzustellen, als Kompliziertes in komplizierten Sätzen zu verstecken.

„Lieber Freund, heute erhältst du einen langen Brief, ich hatte leider keine Zeit für einen kurzen." Dieser Satz, Johann Wolfgang von Goethe zugeschrieben, macht klar, wie viel Arbeit im Bemühen steckt, kurz und klar zu schreiben. Nur wir Deutschen haben die seltsame Tradition entwickelt, dass alles, was komplex ist, auch kompliziert geschrieben sein muss. Amerikanische Fachbücher und inzwischen auch immer mehr deutsche Publikationen zeigen uns aber, dass es auch anders geht.

„Halt!" denken Sie, „meine Zielgruppe ist doch ganz anders, das sind doch intelligente Menschen, die brauchen lange Sätze." Und damit tappen Sie in eine der großen Fallen des Direktmarketing.

Natürlich lesen Ihre Zielpersonen schwierigste Texte – wenn sie lesen wollen. Mailings will aber niemand lesen. Die sind ungeliebter Lesestoff, müssen mit wenigen Augen-Blicken (vgl. die vorangegangenen Kapitel) und in wenigen Worten zeigen, worum's geht. Der springende Punkt ist also nicht die Intelligenz, sondern die Konzentration Ihrer Zielpersonen beim Öffnen von Mailings.

Der Journalist Wolf Schneider gibt in seinem Standardwerk *Deutsch für Kenner* einige Anhaltspunkte für die Satzlänge in „Werken", die von vielen Menschen gelesen werden: So beträgt die durchschnittliche Satzlänge in der Bildzeitung etwa zwölf Wörter pro Satz. Der durchschnittliche Satz im Johannes-Evangelium enthält 17 Wörter. Zwei Angaben aus der deutschen Presseagentur, ebenfalls gefunden bei Schneider, helfen uns noch etwas weiter: So liegt für die dpa die Obergrenze der optimalen Verständlichkeit bei neun Wörtern, die Obergrenze für gesprochene Texte bei sieben bis 14 Wörtern pro Satz. Und diese Werte merken wir uns: Kein Satz in der Direktmarketingsprache sollte mehr als 14 Wörter enthalten. Je kürzer, desto besser.

Übrigens forscht man schon viele Jahrzehnte, was denn einen verständlichen Text ausmacht. Die folgende Tabelle zeigt uns, welche Satz- und Wortlängen ein verständlicher Text braucht. Zu Grunde liegt hier der so genannte Reading-Ease (oder Verständlichkeits-Index) von Flesch aus dem Jahr 1948, der in den siebziger Jahren durch A. Mihm an die deutsche Sprache angepasst wurde. Das Verfahren: Man nehme eine Textstichprobe von 100 Wörtern, zähle die Silben pro 100 Wörter (wl), errechne die durchschnittliche Anzahl von Wörtern pro Satz (sl) und setze die Werte in folgende Formel ein:

RE = 206,835 – 0,846 wl – 1,015 sl

Das Ergebnis ist eine Indexzahl. Und die finden Sie mit den zugeordneten Texten in der folgenden Tabelle. Mihm wendet die Lesbarkeits-Formel von Flesch auch auf deutsche Texte an, kommt jedoch wegen der größeren durchschnittlichen Wortlän-

Reading Ease für deutsche Texte	Entsprechender RE-Score für englische Texte	Charakteristik	Typischer Text	Mittlere Wortlänge	Mittlere Satzlänge
–20 bis +10	0 – 30	Sehr schwer	Wissenschaftliche Abhandlung	Über 2,20	Über 30
10 bis 30	30 – 50	Schwierig	Fachliteratur	1,90	25
30 bis 40	50 – 60	Anspruchsvoll	Sachbuch, Roman (z. B. Thomas Mann: „Buddenbrooks")	1,78	21
40 bis 50	60 – 70	Normal	Roman (z. B. Max Frisch: „Stiller")	1,70	17
50 bis 60	70 – 80	Einfach	Unterhaltungsliteratur (z. B. „Karl May")	1,62	14
60 bis 70	80 – 90	Leicht	Heftchenroman	1,54	11
70 bis 80	90 – 100	Sehr leicht	Comics	Unter 1,45	Unter 9

Anwendung der Lesbarkeitsformel von Flesch auf deutsche Texte

(Quelle: Groeben, S. 179)

ge im Deutschen zu einer Verschiebung in der Bewertung der Reading-Ease-Scores:

Der werbliche Text würde als „leichter" oder „einfacher" Text am unteren Ende der Skala stehen. Und hochinteressant: Allein mit kürzeren Sätzen erreichen wir noch keine verständlichen Texte. Auch die Wörter müssen kürzer werden.

Wortlängen oder: Schluss mit allen Wortmonstern

Ganz einfach: Der Trend geht zum zweisilbigen Wort. Im Schnitt 1,62 Silben hat das Wort im einfachen Text, sagt der Verständlichkeits-Index. „Donaudampfschifffahrtsgesellschaftskapitänsmützen" liest Ihr Werbeleser nie zu Ende. Wählen Sie kurze, klare Begriffe, trennen Sie Wortmonster, zum Beispiel durch den Bindestrich, oder umschreiben Sie mit dem Genitiv. Aber Vorsicht: Ist der „Servicetechniker" der „Techniker des Service" oder der „Service des Technikers"?

Die „Automobilzuliefererkonferenz" macht müde. Zu lange braucht der Leser, um zu verstehen, worum es geht. Problematisch, wenn er Ihre Information nicht angefordert hat und wenn Sie eine Reaktion erwarten. Also bearbeiten Sie dieses Wort wie oben erwähnt, und schon klingt es ganz anders. Die „Konferenz der Automobil-Zulieferer" kann schneller aufgenommen werden.

Ganz schlimm, wenn wir unsere schönsten Worte in Buchstabensalat vergraben. Der „Erlebnisgutschein", die „Sommerfesteinladung". Heben Sie hervor, was Ihren Kunden gefallen wird: „Erlebnis-Gutschein", „Sommerfest-Einladung" oder die „Einladung zum Sommerfest".

Zurück zum 1,62-silbigen Wort. Natürlich können wir so nicht schreiben. Deshalb also: Im Durchschnitt Zweisilber, und als Obergrenze meiden Sie einfach Begriffe, die mehr als vier Silben aufweisen. Vier Silben, weil wir sicher stellen, dass pro Fixation im Drei-Zentimeter-Kreis mit Sicherheit ganze Worte erfasst werden.

So halten Sie die Hand des Lesers ...

> *Wer verkauft, führt! Was Sie tun können, um Ihren Leser nicht zu „verlieren"*

Führen Sie durch Satzzeichen

Auch die Zeichensetzung im Werbetext verdient einen zweiten Blick. Zwar bewegen wir uns hier innnerhalb „verbindlicher Vorgaben", doch hin und wieder hilft die bewusste Zeichensetzung dabei, einen Text für den Leser verständlicher zu machen.

Das wichtigste Satzzeichen im Werbetext ist der **Punkt.** Er markiert das Satzende. Einen Punkt sehen und etwas verstehen ist ein Erfolgserlebnis. Also gönnen Sie Ihrem Werbeleser Erfolgserlebnisse. Sie leben davon, dass Ihr Text verstanden wird – und dass Ihr Leser nicht mitten im Satz aufgibt. Denn nur wenn Ihre Zielperson die Vorteile Ihres Angebots versteht, wird sie kaufen. Deshalb machen Werbetexter manchmal auch einen Punkt vor dem „und". Und gönnen Ihrem Leser eine Atempause und ein kleines Erfolgserlebnis.

Positiv auch der **Doppelpunkt.** Richtig gebraucht man ihn im Sinne von „denn" und „nämlich". Taucht ein Doppelpunkt auf, erhält der Leser einen deutlichen Hinweis im Sinne von „Bleib dran, hier kommt noch was ..."

Notwendig ist das **Ausrufezeichen.** Das Zeichen selbst hat Symbolcharakter und sagt: „Achtung, wichtig, tu etwas!" Ihr Werbetext braucht es für Führungsfloskeln und Bestellaufforderungen. Aber Vorsicht! Erscheinen zu viele Ausrufezeichen im Schriftbild, erzeugt Ihr Text zu viel Druck. Dann empfiehlt es sich, die ein oder andere Aufforderung einfach mit einem Punkt zu versehen.

Bei anderen Satzzeichen ist Vorsicht angebracht: **Kommas** brauchen wir in der deutschen Sprache, und manche Inhalte brauchen eben eine Nebensatzkonstruktion. Doch sind Kommas auch immer ein Hinweis darauf, dass Ihr Leser jetzt etwas mehr Mühe hat, den Sinn eines Satzes zu begreifen. Gehen Sie nach dem dritten Komma eines Schachtelsatzes davon aus, dass das Gehirn des Werbelesers mittlerweile mit anderen Dingen beschäftigt ist. Unter Umständen schwebt Ihr Prospekt schon nahe am Papierkorb, und Ihre Zielperson greift gerade nach dem nächsten Mailing.

Allerdings ist das Komma auch ein wichtiges Stilmittel. Zum Beispiel, wenn Sie Aufzählungen einsetzen, um etwas mehr Tempo in Ihre Texte zu bringen. Hier haben wir trotzdem einen kurzen Satz – und das Komma bildet die rhythmische Unterlegung beim „inneren Hören". Ein Beispiel:

> „Click" ist da. Neu, übersichtlich, einfach unglaublich.
> Die erste Zeitschrift für Ihren Organizer.

Ein letzter Hinweis noch zum **Fragezeichen.** Erinnern Sie sich noch: Direktmarketing heißt immer auch Führen zur Reaktion. Führen ist jedoch nur möglich, wenn sich ein Leser führen lässt. Deshalb versuchen wir uns immer wieder die Zustimmung des Lesers abzuholen. Stellen Sie nun im Text Fragen, welche die Antwort „nein" zulassen, bringen wir die Führung in Gefahr. Ein Leser, der „nein" denkt, will nicht bei Ihnen bleiben.

Auch das Fragezeichen ist ein Symbol mit der Bedeutung „hier ist noch etwas ungeklärt". Gehen Sie also mit Fragezeichen sparsam um. Und wenn Sie rhetorische Fragen nutzen, die zur Antwort „ja" führen, achten Sie darauf, dass diese Fragen für den Leser nicht zu banal klingen.

Von Führungsfloskeln und der Hand des Lesers

Wie war das noch im persönlichen Verkauf? Der Verkäufer liefert neben den Sachinhalten und Vorteilen auch gleich eine Handlungs-Anleitung mit. „Schauen Sie doch einmal in die Unterlagen", „Hier fehlt nun nur noch Ihre Unterschrift", „Drehen Sie das Blatt doch einfach einmal um" usw. Er führt. Diese Handlungs-Anleitungen nutzen wir auch in der schriftlichen Kommunikation:

Bitte wenden!

Bitte hier abtrennen!

Weiter geht's auf Seite zwei!

Bitte denken Sie an Ihre Unterschrift auf der Rückseite!

Einfach nachschlagen!

All dies sind „Führungsfloskeln", eine Handlungs-Anleitung auf dem Weg zur Bestellung. Manchmal texten wir komplette Führungstexte. So zum Beispiel am Ende eines Prospekts.

Am besten überzeugen Sie sich selbst ...

Und bestellen noch heute Ihr neues Praxishandbuch Werbetext. Einfach den beiliegenden Bestellschein ausfüllen, faxen, und schon in wenigen Tagen steht Ihnen Ihr persönlicher Textberater täglich zur Seite.

Führungstexte helfen dem Leser, klar und deutlich zu erfassen, was er denn nun tun soll. Und wenn Sie wollen, dass ein Leser jetzt bestellt, müssen Sie ihm sagen „Bestelle jetzt!" und erläutern, wie das geht.

71

Nehmen Sie den Leser mit

Wer Werbetexte schreibt, erwartet von seinen Lesern natürlich auch eine Reaktion. Potenzielle Kunden sollen Ihr Ladengeschäft aufsuchen, anrufen oder sofort bestellen. Und das heißt immer auch: Ihr Text sollte zu dieser Reaktion hinführen. Nehmen Sie also den Leser Ihres Mailings an die Hand, führen Sie ihn durch den Brief in den Prospekt, vom Prospekt zur Antwortkarte und hier zur Bestellung. Das ist nicht immer ganz einfach. Denn schließlich sollte jeder Ihrer Sätze die Zustimmung des Werbelesers erhalten. Denn Ablehnung heißt „nicht mehr weiterlesen". Doch es gibt einige Formulierungen, die Ihnen bei der Führung des Lesers helfen. Zum Beispiel:

Sicher stimmen Sie mir zu ...

Unter Kollegen verrate ich Ihnen ...

Als Experte für XY wissen Sie ...

Wer viel arbeitet, weiß, wie wichtig Entspannung ist ...

(oder ähnliches)

Jede dieser Formulierungen erzeugt ein kleines „Ja" im Kopf Ihres Lesers. Lassen Sie ihm wenig Nein-Chancen, und nehmen Sie ihn mit. Besser als „Kennen Sie diese Situation?" sind die Formulierungen:

Sicher kennen Sie diese Situation.

Das kennen Sie mit Sicherheit.

Zwei „magische" Worte helfen Ihnen in allen Texten, den Leser zu führen. Es sind „ja" und das kleine Wörtchen „einfach". Mit „ja" nehmen Sie Zustimmung vorweg: „Ja, die Technik macht's möglich." Durch „einfach" reduzieren Sie Reaktionsschwellen: „Einfach gleich ausfüllen und abschicken!"

Führen Sie durch positive Verstärkung und Zeitdruck

Oft fehlt noch ein letzter Anstoß, jetzt zu reagieren. Kein Problem: Die deutsche Sprache bietet uns viele Möglichkeiten, die gewünschte Zustimmung eines Lesers immer wieder abzuholen und ein gutes Gefühl weiter zu verstärken. Die Zauberworte:

- ja
- gerne
- einfach
- ganz einfach
- einfach gleich
- selbstverständlich
- natürlich
- sicher

Gleichzeitig eignen sich diese Worte auch hervorragend, um einen Text „auf Stand", das heißt auf eine gewünschte Länge zu bringen.

Auch eine weitere Wortgruppe hilft, Texte in exakter Länge zu schreiben, und liefert noch stärkere Anstöße, jetzt zu reagieren: Formulierungen, die etwas Zeitdruck erzeugen, sind:

- gleich
- jetzt
- sofort
- bis zum ...
- so lange Vorrat reicht
- nur noch
- direkt
- Sonderangebot
- Aktionspreis
- usw.

Persönlich werden: Führen Sie durch persönliche Ansprache

> *Wie man von Mensch zu Mensch kommuniziert, ohne seinen Gesprächspartner tatsächlich zu kennen*

Das Bild, das sagt „ICH"

Natürlich gibt es da ein magisches Wort, das dem Texter hilft, persönlich zu werden: der Name des Lesers. Denn der ist längst keine Zusammenballung von Symbolen mehr, sondern oft seit der Kindheit wie ein Bild gespeichert. Menschen haben schon im Kindesalter gelernt: Diese Abfolge von Symbolen – das bin ich. Peter, Annette, Hans usw. Später kommt selbstverständlich der Nachname hinzu.

Dieses Bild, das sagt ich, bringt uns jeder Werbebrief im Adressfenster auf den Schreibtisch, liefert uns jede Personalisierung. Und jedes Mal müssen wir hinsehen: Ich, Ich, Ich. Noch immer ist der Name ein mächtiges Wort, um den Blick zu führen. Allerdings heute auch mit Vorsicht zu verwenden, denn Menschen haben gelernt: Wenn auf einer Seite das Bild, das sagt „Ich" zu oft erscheint, muss es Werbung sein. Und die landet dann schnell im Papierkorb.

Doch gerade weil der eigene Name ein wichtiges Führungselement darstellt, platzieren Direktwerber Vorteile in den Drei-Zentimeter-Kreis der Namens-Fixation. So steht „Riesen-Gewinne" direkt darüber und eine Grafik mit durchgestrichener Preisangabe zeigt dem Leser „Du musst nichts bezahlen". Oft genügt's ...

„Für den Namen": Die Pronomen und wie sie wirken

Doch kann Ihr Brief oder Prospekt durch den richtigen Einsatz von Personal- und Possessivpronomen noch persönlicher werden. Ihr Werbemittel soll Ihr Produkt zum Leser bringen. Deshalb ist es notwendig, den Leser „in das Produkt zu verwickeln". Nicht die Größe Ihrer Firma oder die Genialität Ihrer Entwicklung sind entscheidend, sondern ob es Ihnen gelingt, eine Beziehung zwischen Produkt und Leser herzustellen. Nutzen Sie deshalb immer wieder die Wörtchen „Sie", „Ihnen", „Ihr". Diese kleinen Wörtchen sind Stellvertreter für den Namen des Lesers. Leider findet man noch immer Werbebriefe, die schon mit „wir" beginnen. „Wir haben entwickelt", „wir bieten heute", „ist es uns gelungen". Egal, ob Ihr Produkt in zwei oder fünf Jahren entwickelt wurde, es muss dem Leser Vorteile bieten. Also verzichten Sie auf zu viele „ich" und „wir", verstärken Sie „Sie", „Ihr", „Ihnen". Schreiben Sie „Hier sehen Sie Ihr neues Fahrrad" und nicht „Hier sehen Sie unser neues Fahrrad". Denn nur der erste Satz zeigt dem Gehirn Ihres Lesers das „richtige" Bild.

Soviel zu den Eckdaten für unseren Text.

Denken Sie jetzt noch einmal intensiv an Ihre eigenen Verkaufstexte oder überprüfen Sie Ihren Rohtext!

- Sind Ihre Sätze wirklich nicht länger als 14 Wörter?

- Haben Sie Wortmonster im Text belassen?

- Haben Sie Fragen gestellt, die Ihren Leser nein denken lassen?

- Können Sie durch den Einsatz von „Sie", „Ihr", „Ihnen" Ihr Produkt direkt auf die Welt des Lesers beziehen?

- Und wie steht es um Ihre Führungsfloskeln? Haben Sie daran gedacht, für Ihren Leser viele kleine Hilfen auf dem Weg zur Reaktion einzubauen?

Kapitel 6: Headlines oder: Die Kunst, den Leser einzufangen ...

> *Wie Sie die richtige Headline finden, damit der Einstieg in den Text gelingt*

Der „kleine Unterschied": Headlines der klassischen Werbung und des Direktmarketing

> *Warum Direktmarketer auf führende Headlines setzen und ihre Leser nicht lange nachdenken lassen*

Headlines (übersetzt: „Kopfzeilen") nennt man die werblichen Überschriften in Anzeigen, Prospekten, Briefen und allen sonstigen Instrumenten der Werbung. Headlines haben beispielsweise im Werbebrief längst das alte „Betreff" abgelöst, denn in einer Headline geht es nicht um bloße Inhaltsangabe, sondern immer um eine Führung des Lesers in den Text oder um das Setzen eines „geistigen Bildes". Dieses Bild soll Ihren Leser motivieren, sich weiter mit einem Angebot zu beschäftigen.

Das folgende Kapitel beschäftigt sich mit Headlines und Headline-Kombinationen, die Ihren Leser **zu einer Reaktion führen**.

Zwei Beispiele:

1. Wer die Großen der Welt ins Haus holen will, braucht selbst Größe.

2. So werden Sie zum Profi-Texter ...

76

Erkennen Sie den Unterschied? Headline Nummer 1 ist eine komplette Aussage (zum Flughafen Frankfurt Fraport). Sie wird in der Anzeige ergänzt durch ein Bild und durch einen Text, der die Eckdaten zum Flughafen unter den Themenpunkten Mobilität, Fluggäste, Leistungsfähigkeit abhandelt.

Headline Nummer 2 zwingt Sie weiterzulesen. Denn Sie wirft eine Frage auf: Wie geht das? Wenn Sie also Profi-Texter werden wollen, lesen Sie weiter.

Headline Nummer 1 ist eine Headline der klassischen Werbung, Nummer 2 eine Headline des Direktmarketing. Während es in der klassischen Werbung darum geht, das „Image" oder die Bekanntheit eines Produkts bzw. einer Marke aufzubauen oder zu erhöhen, verlangt das Direktmarketing eine klare Reaktion. „Klassische Werbung" erreicht ihre Ziele oft bereits durch längere Beschäftigung des Zuschauers mit der Anzeige oder dem Plakat, Direktmarketing erreicht seine Ziele erst durch die textliche und gestalterische Führung zum Response-Element. Dadurch werden alle Texte, Bilder und sonstigen gestalterischen Elemente zu Funktionsträgern. Sie sind dem Reaktionsziel untergeordnet und führen Schritt für Schritt dorthin. Wollen Sie also Ihren Leser dazu bringen, gleich zu bestellen, direkt anzurufen, ein Fax zurückzusenden, muss er Ihr Angebot sehen, lesen und eine Entscheidung treffen. Deshalb nutzen Sie führende Headlines. Und deshalb lernen Sie in diesem Buch Techniken kennen, die Ihnen helfen, solche Headlines zu texten.

Die klassische Headline und ihr Bezug zum Text

Hier steht die Headline ●

Hier steht der Text.

Merkmale:

– Headline und Text **können allein stehen.**
– Beide sind **vollständige** Informationen.
– Klassische Headlines enden oft **mit einem Punkt.**

Zum Beispiel die folgende Anzeige über den VW Golf:

(Headline:)
Manches ist nur noch halb so viel wert, wenn man es aus dem Laden trägt.
Nicht alles im Leben ist eben Golf.

(Bildmotiv: Ein Mann trägt einen Computer-Karton, daneben steht ein VW Golf)

(Text:)
Ein Golf ist nicht nur für den Moment gebaut. Sondern für viele, viele Jahre. Das wissen auch andere. Weshalb er sich eines Tages für viel Geld verkaufen lässt. Und es sogar Jahre dauert, bis sich sein Wert halbiert. Was den Golf (...)

Die Direktmarketing-Headline und ihr Bezug zum Text

Weil die Führung in den Text jeweils an erster Stelle steht, gibt die Headline im Direktmarketing oft nur eine Teilinformation preis. Sie deutet einen Vorteil nur an, macht neugierig, motiviert zum Weiterlesen.

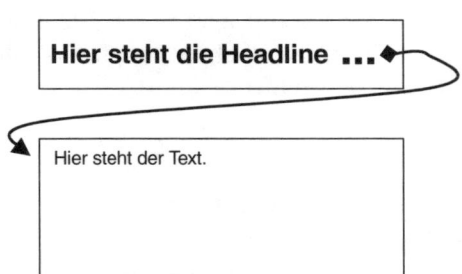

Merkmale:

– Die Headline **führt in den Text**. Sie motiviert, in den Text einzusteigen und **deutet (meist) den folgenden Nutzen an.**
– Die Headline braucht den Text, und der Text braucht die Headline.
– Beide liefern **selten vollständige** Informationen.
– Direktmarketing-Headlines enden oft **mit drei Punkten** und geben dem Leser dadurch ein nonverbales Signal, weiterzulesen. Die Punkte werden am Anfang des Textblocks nicht wiederholt.

Zum Beispiel der folgende Katalogtext zu einer Mind-Mapping-Software:

(Headline:)
Lassen Sie Ihrer Kreativität freien Lauf ...

(Produktabbildung)

(Text:)
Es ist so einfach wie faszinierend: Wenn die CD eingeschoben und installiert ist, hat Ihre Kreativität freie Bahn. Ganz ohne ein dickes Handbuch zu wälzen, beginnen Sie sofort, Ihre ersten Mind Maps am Computer zu „zeichnen". (...)

Gelungene Headlines in Ihrer Werbepost sind Türöffner, machen Lust auf mehr und Ihren Leser neugierig, bauen Spannung auf, deuten Vorteile an, verpassen Ihrem Angebot einen bunten Anstrich, bringen ganze Textblöcke „auf den Punkt" und sind oft der schwierigste Teil des Werbetextes. Und Sie bieten eine große Chance. Denn Headlines werden sehr oft bereits bei der ersten Betrachtung eines Werbemittels noch vor dem eigentlichen Lesevorgang aufgenommen. Sie wirken also wie Bildelemente. Wie Sie sich diese Erkenntnis zunutze machen, verrät das folgende Kapitel über das menschliche Gehirn.

Rechtes Gehirn – linkes Gehirn und wo Headlines verarbeitet werden ...

Warum Headlines wirken, wie sie wirken, und wie wir sie wahrnehmen

Seit Beginn der sechziger Jahre weiß man: Die beiden Hälften des menschlichen Großhirns nehmen unterschiedliche Aufgaben wahr. Grob verallgemeinert kann man heute sagen: Die linke Gehirnhälfte oder Hirn-Hemisphäre verarbeitet und speichert andere Daten als die rechte Gehirnhälfte.

In der linken Hemisphäre wird unter anderem das verbale, sequentielle, zeitliche, digitale, rechnende, logische, analytische, beurteilende Denken, in der rechten vor allem das non-verbale, visuell-räumliche, gleichzeitige, analoge, bildhafte, ganzheitliche, synthetische, paradoxe und intuitive Denken lokalisiert. Dementsprechend lassen sich auch bestimmte Fähigkeiten des Menschen jeweils primär einer Gehirnhälfte zuordnen.

80

■ Texte und Sprache werden in der linken, Bilder und ganzheitliche Strukturen in der rechten Gehirnhälfte verarbeitet

Trotz dieser Aufgabenteilung zwischen rechter und linker Hirn-Hemisphäre, darf man keinesfalls eine völlige Trennung „beider Gehirne" annehmen. Richtiger wäre es, von einer Partnerschaft der Hirn-Hemisphären zu sprechen. So können auch Informationen für das linke Gehirn mit „rechtshirnigen Methoden", beispielsweise bildgestützt, aufgenommen werden, Informationen, die das rechte Gehirn ansprechen, auch über die linke Gehirnhälfte dargeboten werden, etwa durch bildhafte Sprache. Zwischen den Hirnhemisphären findet ein ständiger Austausch von Informationen statt.

Die wirkungsvollste Kommunikation geschieht, wenn eine Information beide Gehirnhälften anspricht. So verstehen wir Begriffe dann schneller, wenn wir uns „ein Bild davon machen können". Und hier liegt ein Schlüssel für das Texten von Headlines.

Headlines müssen bildhaft sein ...

Gute Headlines zeigen dem Leser also ein geistiges Bild oder ergänzen eine tatsächliche Bildinformation im Prospekt. Verwenden Sie also konkrete und bildhafte Begriffe: „Lassen Sie Ihrer Kreativität **freien Lauf ...**" ist bildhafter als „Seien Sie kreativ ..." „Da werden Sie **staunen** ..." verspricht mehr als ein „Aufgepasst!" „Rose", „Sonnenblume", „Nelke" rufen jeweils ein anderes, konkretes Bild ab. „Blume" erzeugt bei unterschiedlichen Lesern unterschiedliche Bilder je nach individuellen Vorlieben.

Headlines und kurze Wörter

Neben Bildern und Piktogrammen sind auch einige Wörter wie Bildelemente in unserem rechten Gehirn gespeichert. Diese Wörter müssen nicht Laut für Laut decodiert werden, sondern wir erkennen sie als Ganzes in ihrer Bedeutung. In der Regel handelt es sich hier um kurze Wörter, die deutliche Vorteile signalisieren. Diesen bildlich gespeicherten Wortschatz nutzt man für den Text in der Headline. Worte wie „ja", „neu", „gratis", „Erfolg", „Gewinn", „Vorteil" sind sichere, positive Augenhaltepunkte in Ihrer Headline. „Neu" am Anfang Ihrer Headline oder in der linken oberen Ecke Ihres Prospekts wirkt wie ein Bild. Und dieses Bild bringt das Auge des Lesers an den Anfang der Zeile bzw. Seite.

Headlines wirken wie Bildelemente

Headlines im Direktmarketing wirken jedoch nicht allein durch die verwendeten Wörter. Sie wirken oft selbst wie ein Bildelement. Deshalb lässt sich hier mit der Augenkamera feststellen, was zuerst betrachtet wird. Hier sind die Regeln zur Rangfolge von Headlines. Überprüfen Sie selbst: Wo will Ihr Auge hin?

■ **1. Große vor kleinen Headlines**

So werden Sie Profi-Texter ...

So werden Sie Profi Texter ...

■ **2. Einzeilige vor mehrzeiligen Headlines**

So werden Sie Profi-Texter ...

Hier lernen Sie in leicht verständlichen Kapiteln, wie man Texte schreibt, die für Verkaufserfolge in Ihrer Branche sorgen ...

- **3. Kurze vor langen Headlines**

  > So werden Sie Profi-Texter ...

  > Hier lernen Sie in leicht verständlichen Kapiteln, wie man verkaufsstarke Texte schreibt ...

- **4. Farbige vor schwarzen Headlines**

- **5. Unterlegte vor reinen Text-Headlines**

  > So werden Sie Profi-Texter ...

  > So werden Sie Profi-Texter ...

Sieben Headline-Techniken und wann man sie einsetzt

Ein Zeitschriftenhalter, Fingerübungen, Zeitdruck und noch viel mehr

Nun müssen wir unterscheiden, für welches Werbemittel bzw. für welches Konzept man eine Headline entwickelt. So wird sich ein Texter für die Titel-Headline seines Prospekts mehr Zeit nehmen als für die vielen hundert Headlines der Einzel-Produkte eines Katalogs. Trotzdem muss jede Headline den Leser **aktivieren**, muss weiterführen zur Reaktion. Deshalb nutzt man Techniken, die bei der schnellen Entwicklung aktivierender Headlines nützlich sind. Wichtig ist: Keine Technik steht für sich allein. Kombinieren Sie also einfach die folgenden Ideen miteinander – auf dem Weg zu Ihrer aktivierenden Headline.

■ 1. Eine einfache Technik aus dem Katalog-Texten: Die Inhaltsangabe mit Turbo ...

Katalogtexter haben's nicht leicht. Da sind viele hundert Produkte, und jedes soll von den Empfängern des Kataloges gekauft werden. Natürlich will ein Texter jedes reizvoll verpacken, doch gerade im Katalog drängt die Zeit. Zwar gibt man sich für die so genannten Hero-Artikel, die Schwerpunke der einzelnen Seiten, besondere Mühe, doch Termindruck zwingt oft dazu, schnell viele Headlines zu produzieren. So geht's.

Schritt 1: Schreiben Sie zuerst Ihren Textblock

Für den Warteraum, den Empfang oder das Büro: der Daily Zeitschriftenhalter. Damit Ihre Besucher immer bestens informiert sind, bestücken Sie ihn nicht nur mit aktuellen Zeitungen und Zeitschriften, sondern einfach mit Ihren aktuellen Katalogen, Prospekten oder Datenblättern. Daily ist aus einem Stück graphitfarben beschichtetem Stahl gestanzt. Seine fünf Displaytaschen sind mit wenigen Handgriffen in Form gebracht.
(Topdeq)

Schritt 2: Machen Sie eine Inhaltsangabe in Stichpunkten oder nennen Sie einfach das Produkt ...

Der Daily Zeitschriftenhalter

Schritt 3: Jetzt versehen Sie Ihre Inhaltsangabe mit aktivierenden Impulsen

(Drei Punkte als Signal „weiterlesen")

Der Daily Zeitschriftenhalter ...

(Aktivierendes Wort oder Aufforderung wie: „Neu", „Gleich bestellen", „Jetzt neu bei Topdeq" usw.)

Neu: Der Daily Zeitschriftenhalter ...

Für den Warteraum, den Empfang oder das Büro: der Daily
Zeitschriftenhalter. Damit Ihre Besucher immer bestens
informiert sind, bestücken Sie ihn nicht nur mit
aktuellen Zeitungen und Zeitschriften, sondern ...

■ 2. Die verblüffend verpackte Inhaltsangabe

Hier ist die Fantasie des Texters weit mehr gefordert. Er formuliert nicht nur zuerst seinen Textblock und eine Inhaltsangabe,
sondern sucht nun eine verblüffende Verpackung, ein überra-
schendes Bild für diese Kernaussage bzw. für einzelne Aspekte
des beschriebenen Produkts.

Inhaltsangabe:

Für Warteraum, Empfang oder Büro: Den Daily Zeitschriftenhalter
aus Stahl bestücken Sie mit aktuellen Zeitschriften und Ihren Katalogen, Prospekten, Datenblättern.

Headline-Idee:

Engagieren Sie doch mal einen Verkäufer aus Stahl ...
Für den Warteraum, den Empfang oder das Büro: der Daily
Zeitschriftenhalter. Damit Ihre Besucher immer bestens
informiert sind, bestücken Sie ihn nicht nur mit
aktuellen Zeitungen und Zeitschriften, sondern ...

Die Headline gibt drei aktivierende Impulse:

➤ das verblüffende Bild,

➤ die direkte Ansprache mit der Aufforderung, etwas zu tun,

➤ die drei Punkte ...

■ 3. Abtrennen – Eine schnelle Technik, die Ihren Leser „packt"

Besonders schnell entstehen Headlines mit der folgenden Technik. Auch hier schreiben Sie zuerst Ihren Textblock und machen

anschließend den ersten Satz oder Teilsatz zur Headline. Besonders gut gelingt das, wenn Ihr Textblock mit einem aktivierenden oder positiven Wort, mit einer Wenn-dann-Konstruktion oder mit „Damit" beginnt. Deshalb wurde der Textblock in unserem Beispiel umgeschrieben:

Damit Ihre Besucher immer bestens informiert sind ...
bestücken Sie den Daily Zeitschriftenhalter nicht nur mit aktuellen Zeitungen und Zeitschriften, sondern einfach mit Ihren aktuellen Katalogen, Prospekten oder Datenblättern. Daily ist aus einem Stück graphitfarben beschichtetem Stahl gestanzt und passt in den Warteraum, Empfang oder das Büro. Seine fünf Displaytaschen sind mit wenigen Handgriffen in Form gebracht.

Das Allerneueste ...
findet in diesem zeitlos gestalteten Magazinständer sein aufgeräumtes Plätzchen. (...)

Wenn Sie immer erst nach dem Krimi zu Hause sind ...
(dann) ist Ihr Bürotag entschieden zu lang. Natürlich nutzt man die Abendstunden, um ungestört (...)

■ 4. Fragemechanik: Eine Technik aus dem Journalismus

Wer kennt sie nicht? Plakative Überschriften, die den Blick fesseln, wenn man am Zeitschriftenstand vorübergeht:

Mann beißt Hund!

Jackpot geknackt!

Verkäufer aus Stahl!

Für die Führung in Ihrem Prospekt wäre das allerdings noch zu wenig. Bis hier hätten Sie lediglich Aufmerksamkeit erreicht. Deshalb ergänzen Sie hier die spektakuläre Kurzaussage mit einer Subline, einer untergeordneten Überschrift. Durch diese Subline gewinnt die Aussage an Dynamik und führt in den Text.

Mann beißt Hund!

So konnte es geschehen ...

Jackpot geknackt!

Wie Sie die Geheimnisse der Gewinner für sich nutzen ...

Verkäufer aus Stahl!

So engagieren Sie ihn auch für Ihr Büro ...

Oder

Verkäufer aus Stahl!

So wird ein Zeitschriftenhalter zum Info-Medium fürs Büro ...

Für den Warteraum, den Empfang oder das Büro: der Daily Zeitschriftenhalter. Damit (...)

■ 5. Leserfragen-Technik: Ein Standard für das Direktmarketing

Die Leserfragen-Technik zielt direkt darauf ab, Ihren Leser neugierig zu machen. Sie setzt die Frage „Wie kann ich den skizzierten Vorteil erreichen?" zwischen Headline und Text und ist wohl die gängigste Technik, um Direktmarketing-Headlines zu entwickeln. Typische Einstiege wie „So ..." oder „Wie Sie ..." sprechen den Leser persönlich an und zielen direkt auf den folgenden Textblock. Dort muss der Vorteil erläutert werden, den die Headline andeutet.

So bringen Sie Ordnung in Ihre Zeitschriften ...

Für den Warteraum, den Empfang oder das Büro: der Daily Zeitschriftenhalter. Damit (...)

So werden Sie Profi-Texter ...

So sparen Sie bares Geld ...

Wie Sie reich werden, ohne zu arbeiten ...

Wie Ihr Konto wächst und Sie ruhig schlafen ...

Auch Überschriften, die ohne „So ..." und „Wie ..." in die Headline einsteigen, bedienen sich der Leserfragen-Technik. Auch hier nutzen wir die drei Punkte am Ende der Headline, um mehr Aktivierung zu erreichen.

Ein neuer Weg zu mehr Gewinn ...

Drei Profi-Tipps für Verkäufer ...

■ **6. Aufforderung und etwas Zeitdruck in der Headline ...**

Nutzen Sie ...

Testen Sie ...

Engagieren Sie ...

Probieren Sie ...

Bestellen Sie ...

Überzeugen Sie sich selbst ...

... verzichten zwar auf die Führung zum Vorteil durch die gedachte Frage des Lesers, sind jedoch trotzdem typisch für Werbemittel, die eine direkte Reaktion auslösen wollen. Denn nun sagen Sie konkret, was Sie von Ihrem Leser erwarten. Deshalb finden sich solche Formulierungen besonders häufig in Zusammenhang mit der Bestellaufforderung:

Am besten überzeugen Sie sich selbst ...

und bestellen gleich heute Ihren Daily Zeitschriftenhalter (...)

Jetzt ...

Gleich ...

Noch heute ...

Direkt ...

Sofort ...

... und andere Formulierungen in der Headline helfen Ihnen, die Reaktion eines Lesers zu beschleunigen. Denn manchmal fehlt Ihrem „Noch-nicht-Kunden" ein letzter Anstoß, um aktiv zu werden. Deshalb schreiben Sie in Ihren Texten:

Einfach gleich ausfüllen und direkt an Firmenname zurücksenden ...

Auch Headlines der Leserfragen-Technik werden durch etwas Zeitdruck oft noch aktivierender:

Jetzt bringen Sie ganz einfach Ordnung in Ihre Zeitschriften ...

Für den Warteraum, den Empfang oder das Büro: der Daily Zeitschriftenhalter. Damit ...

Zum Schluss: Die Original-Headline des Katalogs für den genannten Zeitschriftenhalter lautete übrigens „Tagesanzeiger".

■ **7. Headline-Kombinationen erzeugen noch mehr Aktivierung ...**

Mit den Headline-Techniken der vorhergehenden Kapitel haben Sie jetzt sechs Werkzeuge zur Hand, Ihre Headlines noch aktivierender zu schreiben. Doch Profi-Texter nutzen noch mehr Möglichkeiten, die Führung in den Text und zur Reaktion aufzubauen und zu verstärken. Ganz besonders häufig finden sich hier Headline-Kombinationen. Hier konstruiert man aus verschiedenen Headline-Wertigkeiten eine perfekte Führung in den Text und versucht, möglichst viele aktivierende Impulse zu übermitteln. Solche Kombinationen finden Sie besonders häufig in Kata-

Textmodule	Zum Beispiel ... Katalogtexte, Anzeigentexte	Wirkungsweise/Funktion ...
Headline mit Subhead und Overhead	*Der aktuelle Müller-Staude:* **Entdecken Sie 10 Wege der Meditation ...** *Ihre neuen Chancen zu mehr Zufriedenheit*	Hauptvorteil in die Headline. Die Overhead oder übergeordnete Headline führt zu diesem Hauptvorteil. Die Subhead erklärt ihn oder weist untergeordnete Vorteile aus.
Selling Points (Bullets)	*– Über 2 000 begeisterte Leser* *– 50 entspannende Übungen für den Alltag* *– Ein Buch für ...*	Pointiert: Die wichtigsten Argumente für den Kauf oder die thematischen Highlights unter dem Stichwort „Aus dem Inhalt".
Copy	*Die Welt wird immer schneller. Mit diesem Buch schaffen Sie sich täglich Inseln der Ruhe ....*	Der Text: keine Wiederholung, sondern Erläuterung, Verstärkung der „Selling Points". Beantwortet die Frage: „Warum soll ich kaufen?/Welchen Vorteil habe ich?"
Bestellaufforderung, Führungsfloskeln	*Gleich ausprobieren und einfach anfordern ...*	Aktivierung und Handlungsaufforderung. Das „Geländer" auf dem Weg zum Kauf. Im Katalog nicht bei jedem Produkt nötig! (Aktivierender Gesamteindruck!)
Marker/Label	*Neuerscheinung!*	Wichtige Punkte, die besonders stark ins Auge fallen. Pointiert Nutzen, oft Zusatznutzen.

Schema für das Texten von Direktmarketing-Anzeigen: Headline-Kombination und Selling Points sorgen für hohen Aktivierungsgrad

logen, Anzeigen, aber auch in Internet-Shops. Man setzt sie ein, wenn man mit wenig Text größtmögliche Aktivierung erzeugen will.

In der gegenüberliegenden Tabelle sehen Sie, wie drei Headlines (Overhead, die eigentliche Headline, eine Subline) kombiniert werden können. Der folgende Text weist allerdings eine weitere Besonderheit auf. Um den Leser noch stärker zu motivieren, hat man hier weitere Schlagzeilen eingefügt: die „Selling Points" oder „Bulletts". Diese „Bulletts" verstärken nun noch einmal und liefern dem Leser weitere Kaufargumente. Und Sie werden wie Headlines getextet. Hier lassen sich noch einmal Fragen des Lesers beantworten („Wie Sie ...", „So ..."), hier können Sie Zeitdruck erzeugen („Jetzt ...") oder eine der anderen genannten Techniken nutzen.

Überprüfen Sie nun Ihre Headlines!

- Falls Ihnen schon ein fertiges Werbemittel vorliegt, überprüfen Sie nun die Headlines. Führen sie in den Text? Nehmen sie den Leser an die Hand?

- In Ihrem Rohtext legen Sie nun das Thema der jeweiligen Textblöcke fest. Wie lässt sich der Inhalt in einem Satz fassen? Wie können Sie diesen Satz verstärken, umformulieren? Experimentieren Sie einfach ein wenig mit den sieben Techniken, die Sie in diesem Kapitel kennen gelernt haben.

Kapitel 7: „Lesen ist Fernsehen im Kopf"

> *Wie Sie Ihre Leser fesseln, Filme zeigen und alles tun, um sich ins rechte Bild zu setzen*

Führen Sie Bildregie!

> *Wie anschauliche Texte wirken und warum Sie Ihren Lesern Filme zeigen sollten ...*

„Lesen ist Fernsehen im Kopf". Mit diesem Slogan warben vor einigen Jahren die deutschen Büchereien, und treffender lässt sich kaum beschreiben, was einem fasziniertem Leser beim Lesen passiert. Plötzlich steht er mitten im Geschehen. In Wüsten-Romanen findet er sich mitten in der Sahara, mit „Winnetou" sieht er das Indianerdorf am Horizont, und im „Herrn der Ringe" reist er durch unbekanntes Land. Unsere Fantasie malt Bilder, und diese Bilder werden beim Lesen unaufhörlich wie im Film abgespult. Vorausgesetzt, wir haben diese Bilder oder die dazu nötigen Bestandteile schon irgendwann abgespeichert.

Für den Texter heißt das: Rufen Sie Bilder im Kopf Ihres Lesers ab. Ein trockener, mit Fach- und Fremdwörtern gespickter Text, für den ein Leser noch keine Bilder gespeichert hat, liegt weit hinter der Wirkung eines bildhaften und somit anschaulichen Textes, der Ihrem Werbeleser „Ihren Film" zeigt. Doch anschauliches Schreiben will gelernt sein. Denken Sie nur an das berühmte Wendeltreppen-Beispiel: Eine Wendeltreppe allein mit Worten zu erklären ist schwer. Wenn wir aber mit unseren Händen dazu ein Bild malen, sind keine langen Erklärungen nötig. Ein Werbemittel hat nun zwar keine Hände, kann aber durch die richtige Wortwahl Bilder abrufen und deshalb schneller verstanden werden.

Beispiel:

> Eine Treppe, die sich um einen Mittelpunkt spiralförmig nach oben windet.

Überlegen wir noch einmal: Am deutlichsten steht uns ein Original vor Augen. Das ist der konkreteste Eindruck. Können wir das Original aus irgend welchen Gründen nicht betrachten, hilft uns ein Bild. Bilder vermitteln einen klaren Eindruck. Und steht uns kein Foto oder Bild zur Verfügung, ist es die bildliche Vorstellung, die uns eine Sache oder Person nahe bringt. Diese bildliche Vorstellung erzeugen Sie durch Ihren anschaulichen Text.

Doch was macht Ihren Text anschaulich, lebendig, farbig? Beginnen wir zunächst mit dem verwendeten Wortschatz.

Verbalstil: Bringen Sie Leben in Ihren Text!

> *Wie Sie lebendige Szenarien entwickeln, warum Verbalstil ein Muss für Texter ist und welche Verbsünden Sie unbedingt vermeiden sollten*

Verben sind die Königwörter der Sprache, die Tu-Wörter, wie wir in der Grundschule sagten. Hier passiert etwas. Starre Szenerien werden zu lebendigen Abläufen. Kulissen werden zum Film im Kopf des Lesers. Starke Verben lassen etwas geschehen. Und Sie helfen Ihnen, genaue Bilder zu zeichnen. Nehmen Sie einmal ein einfaches Beispiel.

> Herr Meier geht durch die Stadt.

Nun ist „gehen" sehr allgemein. Zwar ist „gehen" ein Wort, das jeder versteht, doch viele Menschen sehen Unterschiedliches.

93

Das heißt, dieses Bild ist nicht präzise genug. Als Texter suchen Sie ein konkreteres Bild. Denn wie in einem Synonym-Wörterbuch haben Sie viele Ersatzwörter für das Wort „gehen" gespeichert. Und die zeichnen oder geben eine Situation genauer wieder.

Lassen Sie uns jetzt den gehenden Herrn Meier genauer zeichnen. Achten Sie auf die Bilder, die jetzt entstehen. Sehen Sie die Stadt, haben Sie eine Vorstellung von der handelnden Person? Vielleicht ahnen Sie auch eine Vorgeschichte oder wissen schon, wie sein Gang enden wird:

Herr Meier schlendert durch die Stadt.

Herr Meier flaniert durch die Stadt.

Herr Meier spaziert durch die Stadt.

Herr Meier kriecht durch die Stadt.

Herr Meier torkelt durch die Stadt.

usw.

Welch ein Unterschied zwischen Kriechen und Flanieren. Denken Sie auch an die vielen Übertragungen rund um das Wort „gehen":

➤ Wenn der Teig „geht", schlendert er nicht durch die Stadt.

➤ Wenn jemand „von uns ging", ist er nicht eben zu einem Spaziergang aufgebrochen.

➤ Sie freuen sich, dass Ihre Uhr „geht", und tragen Sie trotzdem am Handgelenk.

Merken Sie sich hier: Gebräuchliche Verben aus unserem aktiven (Sprech-)Wortschatz haben im Werbetext einen Vorteil: Sie sind bekannt und werden schnell ausgewertet. Exakte Bilder zeichnen Sie jedoch nur mit dem exakten Wort. Das ist eine Möglichkeit, Ihrem Text mehr Leben einzuhauchen.

Eine andere Möglichkeit besteht darin, gebräuchliche Verben in einen unvermuteten Kontext zu setzen. Diese Art begegnet Ihnen oft in der Literatur, kann aber auch im Werbetext ein wirkungsvolles Stilmittel abgeben. Da „geht" Ihnen etwas ans Herz, da „rührt" jemand in Ihrem Gewissen herum, der Mond „glotzt" durchs Fenster und Ihre neue Deckenlampe „lächelt" ins Schlafzimmer. Probieren Sie's!

Manchmal lässt sich auch ein umständliches Substantiv durch ein besseres Verb ersetzen, so zum Beispiel:

▌ Die Kunst der Verständlichkeit des Schreibens

besser

▌ Die Kunst, verständlich zu schreiben

Ludwig Reiners schreibt in seiner Stilfibel: 15 Prozent aktiver Verben – er meint damit starke Verben – kennzeichnen einen verständlichen Text.

Doch wie es treffende, anschauliche Verben gibt, gibt es auch „Verbsünden". Sätze mit den folgenden „Tu-Wörtern" gehören zum Verbalschrott und ermutigen den gelangweilten Leser, Ihren Brief in den Papierkorb zu befördern:

■ **1. Meiden Sie Verben, die nichts sagen ...**

Man erkennt sie schnell: Fragen Sie sich einfach, welches Bild im Kopf Ihres Lesers durch folgende Verben ausgelöst wird:

▌ erfolgen

▌ bewirken

▌ sich befinden

▌ aufweisen

▌ beinhalten

Ein Satz wie „Es erfolgte keine Antwort von seiner Seite" lässt sich ohne Mühe in „Er antwortete nicht" verwandeln. Ein Kind, das sich im Sandkasten „befindet", kann dort alles tun: Löcher graben, Burgen bauen, schreien oder pinkeln. Noch „bildloser" sind Sätze wie: „Der Sandkasten weist ein Kind auf." Erkennen Sie's? Ganz richtig, hier erscheint die Behördensprache.

■ 2. Vermeiden Sie Hilfsverben ...

Hilfsverben sind, wie ihr Name schon sagt, Gehilfen, keine echten Verben, und sie sind vor allem „bildleer" und gänzlich ungeeignet, Ihrem Leser etwas zu zeigen. Streichen Sie also Hilfsverben konsequent aus Ihren Werbetexten, und entscheiden Sie sich für aktive und direkte Ansprache.

Streichen Sie ...

können

müssen

möchten

dürfen

wollen

sollen

würden

Schreiben Sie „schicke ich Ihnen" anstatt „möchte ich Ihnen schicken". Setzen Sie „stellen wir Ihnen vor" an Stelle von „können wir Ihnen vorstellen". Denn Hilfsverben sind noch aus einem anderen Grund das Ende eines aktivierenden Textes: Sie bringen das Verb an den Schluss, und verlangen erst einmal Leseleistung, bis ein Satz verstanden wird. Problematisch bei „... möchte ich Ihnen ein nagelneues Handy schenken": Die positive Botschaft kommt am Ende. Wenn der Leser überhaupt bis hierhin kommt.

■ 3. ... und den Konjunktiv

Der Konjunktiv ist die so genannte Möglichkeitsform. Zurückhaltend und noch ein großes Stück von der Tat entfernt. Im Werbetext wollen wir aber schnell zum Punkt kommen. Schreiben Sie also an Stelle von „ich würde meinen" lieber „ich meine", und erfreuen Sie Ihren Leser mit konkreten Aussagen.

☞ **Wichtig:** Schreiben Sie Verbalstil, bringen Sie Ihre Verben nach vorn, und vermeiden Sie Hilfsverben. Je schneller Ihr Leser ein Verb registriert, desto mehr Interesse kann er Ihrem Satz entgegen bringen.

Hauptwörter: Erlaubt ist, was wir sehen, hören, fühlen

> *Von den Vorzügen exakter Begriffe und der Jagd auf Nominalstil-Monster*

■ 1. Schreiben Sie bildhaft

Auch die Substantive aktivieren unsere Sinne unterschiedlich stark. Für Ihren Werbetext muss ein Wort eine Minimal-Voraussetzung erfüllen. Ihr Leser muss es sehen, soll Ihr Text ankommen. Das ist wahrscheinlich bei „Rasenmäher" der Fall. Bei „Hrrdllbrrmpft" wohl eher nicht.

Substantive sind das Rohmaterial unserer Filme für den Kopf des Lesers. Mit Verben bringen wir es in Bewegung, füllen es mit Leben. Nun ist der Kopf des Lesers jedoch viel mehr als ein Kino, in dem nur ein Stummfilm läuft. Selbstverständlich steuert jeder von uns sein eigenes Seh-, Hör-, Schmeck-, Tast- und Geruchskino. Deshalb fassen wir unter bildhafte Substantive hier auch alle Hauptwörter, die Eindrücke unserer fünf Sinne wiedergeben. Was wir sehen, hören, riechen, schmecken oder anfassen, entsteht vor unseren Augen. Wenn wir es benennen, rufen wir das passende Bild dazu ab. Selbstverständlich kommt auch hier unsere Vorerfahrung mit zum Zug.

Das Wörtchen „Turm" löst bei fast allen Lesern ein anderes Bild eines bestimmten Turmes aus. Und wenn es derselbe Turm ist, so ist es vielleicht eine andere Perspektive. „Regen", „Blitz", „Donner", „Runde", „Auto", „Eimer" sind Dinge, die wir mit unseren fünf Sinnen erfassen und deshalb bildhafte Substantive.

Selbstverständlich gilt auch hier: Zeichnen Sie möglichst konkret: „Wachturm", „Fernsehturm", „Wasserturm", „Sprungturm" führen unser Gehirn auf unterschiedliche Spuren. Doch achten Sie darauf, dass Ihre Zielgruppe ein Bild noch versteht. Das gilt ganz besonders für die Verwendung von Fachbegriffen in Ihrem Werbetext. Was in unserem Unternehmen sprachlich Gang und Gäbe ist, muss unserem Leser noch lange nicht bekannt sein. Selbstverständlich sind in bestimmten Branchen Fachbegriffe nötig. Doch Ihr Leser muss Sie mühelos verstehen.

■ 2. Gefühle sind erlaubt!

Nicht alles können wir sehen, fassen oder riechen. Trotzdem können wir es erleben. Deshalb spricht man von bildnahen Substantiven bei „Liebe", „Trauer", „Neid", „Glück". Bei allen Gefühlen, die wir erleben, die wir nachvollziehen können. Das Wort „Liebe" löst etwas aus. „Hass" bringt uns konkrete Bilder vor das Auge.

■ 3. Jagen Sie Nominalstil-Monster und meiden Sie abstrakte Substantive

Damit sind alle Substantive gemeint, die nicht bildhaft sind. Meist enden Sie auf -ung, -keit, -ismus, -heit, -ät, -ion, -ive. „Materialismus", „Kooperative" sind solche Wörter, bei denen es schwer fällt, gespeicherte Bilder abzurufen. Doch last, but not least: Ausnahmen bestätigen die Regel. Ein Wort wie „Gesundheit" lässt sich nur schwer ersetzten.

Trotzdem kennzeichnen die obigen Endungen den Hauptwort-stil. „Wir danken für die Sichtbarmachung der Fakten, wünschen uns eine Intensivierung der Zusammenarbeit, drücken unsere Bewunderung für die Verständlichkeit eines Vortrags aus." Bes-ser: Danken Sie einfach für die Fakten, wünschen Sie sich eine engere Zusammenarbeit, und bewundern Sie den verständlichen Vortrag eines Kollegen. Wenn Sie einen Satz nicht komplett um-formulieren und ihn im Verbalstil wiedergeben können, finden Sie doch in den meisten Fällen zumindest ein bildhaftes Wort.

Achten Sie auf die Assoziationen, die ein Wort im Kopf Ihrer Leser auslöst. Für den Werbetext gilt: Im Kopf Ihrer Zielgruppe sollte ein konkretes Bild entstehen.

Eigenschaftswörter: Farbe auftragen, aber mit Gefühl

So bringen Sie mehr Farbe in den Text

Auch die Adjektive aktivieren unsere Vorstellungskraft unter-schiedlich stark. Sie sind ein wichtiges Hilfsmittel, um Bilder noch konkreter zu zeichnen, Dinge voneinander abzugrenzen. Sie helfen uns, auf unsere Wort-Skizze Farbe aufzutragen. Am besten gelingt das wieder mit Eigenschaftswörtern, die unsere fünf Sinne ersetzen.

➤ Tasten: rau, spiegelglatt

➤ Schmecken: süß, salzig

➤ Hören: laut, leise

➤ Sehen: blau, rot, rund

➤ Riechen: Hier verwenden wir eher bildhafte Vergleiche: Et-was riecht „wie frisches Wasser", „wie Honig", „wie Blu-men". Auch viele der adjektivischen Ableitungen solcher

Vergleiche erinnern an das dahinter stehende Bild (blumig). Spannend ist hier: Parfümeure haben viele Adjektive, um Gerüche zu beschreiben, Winzer und Weinkenner ihre Adjektive, um den Geschmack zu präzisieren: „Trockene" Weine haben nichts mit Trockenheit, der Wüste usw. zu tun, sondern sind einfach eine präzise Geschmacksangabe. Ganz klar, dass ein Versender von Weinen dieses Fachvokabular einsetzen muss. Seine Zielgruppe versteht es mühelos, und nutzt er es nicht, verzichtet er auf einen Beweis seiner Kompetenz.

Auch im Falle einer Wertung kommen wir nicht ohne Adjektive aus: „gut", „das Beste", „ein sehenswerter Film". Adjektive richtig gebraucht, liefern Zusatzinformationen, die Farbe in unseren Text bringen, und sie sind stets gut für eine Überraschung:

> Wenn sich der Wind müde in den Wipfeln fängt,
> beredtes Schweigen aufkommt,
> ein Motor höhnisch aufheult.

Doch nicht immer werden Adjektive mit Gefühl gebraucht. „Weiße Schimmel" und „getroffene Vereinbarungen" sind Tautologien. Hier ist das Eigenschaftswort überflüssig, weil doppelt. Hüten Sie sich also vor unsinnigen Doppelungen, die Ihre Sätze verlängern.

Wenn am Autohimmel Sterne aufgehen ...

Sprachbilder, bildhafte Vergleiche und ein einfacher Weg, sich einen neuen Wortschatz zu erschreiben

Weitere Wege, um Ihren Lesern Bilder zu zeigen, sind **Metaphern, Vergleiche und vergleichende Wortverbindungen**. „Metapher", ein Wort aus der Stilkunde, bezeichnet die bildhafte Übertragung. In der Regel „docken" zwei Worte bzw. zwei Bedeutungsinhalte aneinander an, und nun findet eine Übertragung oder Teilübertragung dieser Inhalte statt. Gelehrt ausgedrückt: Ein Teil der semantischen Merkmale eines Wortes ist verträglich mit dem neuen Kontext. Zum Beispiel in den Worten „Wolkenkratzer", „Wüstenschiff", „Luftschiff", wenn wir vom „Hafen der Ehe" reden oder uns am „Fuß des Berges" treffen.

Ähnliches geschieht, wenn wir aus bildhaften Vergleichen vergleichende Wortverbindungen bauen: Aus „leicht wie eine Feder" wird „federleicht", „schwarz wie die Nacht" wandelt sich in „nachtschwarz" und „weich wie ein Schäfchen" wird „schäfchenweich". „Glasklar", „steinalt", „moosgrün" – die deutsche Sprache bietet hier viele Möglichkeiten, bunte Bilder zu erzeugen. Denn der Einsatz von Metaphern und vergleichenden Wortverbindungen kommt dem Malen mit Sprache am nächsten, hilft Ihnen, Stimmungen zu erzeugen. Lesen Sie nur einmal Gedichte des Expressionismus oder amerikanische Krimis. Auch hier sind Metaphern ein wichtiges Stilmittel.

Bildhafte Sprache leistet viel. Sie spricht unser rechtes Gehirn an, sie zeigt Konkretes durch Vergleich. Eine der wichtigsten Leistungen: Sie hilft Ihnen, einen neuen Rahmen zu ziehen und einem Leser Unbekanntes im bekannten Kleid zu zeigen.

Ein Beispiel: In einem Prospekt für PC-Software wurde die angebotene Benutzeroberfläche als PC-Cockpit bezeichnet. Dieser Vergleich eröffnet Ihnen als Texter nun einen ganz neuen Wortschatz. Die ganze Flieger- oder Lotsensprache steht zu Ihrer Verfügung. Sie „starten neue Programme", „steuern Ihren PC" durch „Software-Untiefen". Und haben Sie es einmal geschafft, im Bild zu bleiben, können Sie auch komplizierte Zusammenhänge im Bild erklären.

Hier zeigt sich ein weiterer Vorteil der Metapher und der bildhaften Vergleiche: Jeder neue Rahmen eröffnet Ihnen als Texter einen neuen Wortschatz. So macht ein Slogan wie „Ein neuer Stern am Autohimmel" es möglich, ein Auto mit dem Wortschatz zu beschreiben, den wir sonst nur zur Beschreibung von

Himmelsphänomenen verwenden. Denn dieser neue Stern kann „funkeln", „leuchten", „aufgehen" und, und, und ...

Doch Vorsicht! Gerade im Werbetext gilt: Halten Sie Ihre Bilder nicht zu lange, und gehen Sie sparsam mit Metaphern und Sprachbildern um. Zu viel davon, und Ihr Text wird zu „poetisch". Wenn Ihr Werbeleser in Bildern schwelgt, kann es schwierig werden, ihn wieder auf den Boden der verkäuferischen Tatsachen zurückzuholen. Weniger ist mehr ...

Eine letzte Regel soll diesen Teil Ihres Texterbuchs abschließen. Sie heißt: **Ein Thema pro Absatz, eine Information pro Satz**. Packen Sie also nicht zu viele Infos in einen Satz, und drängen Sie nicht zu viele Themen in einen Absatz. Machen Sie Ihren Leser neugierig, aber verwirren Sie ihn nicht. Und das ist nicht immer einfach. Viele Menschen haben die Tendenz, ihren Texten zu viel aufzubürden. Da muss diese und jene Information noch eingefügt werden – und plötzlich versteht nur noch der Schreiber, was er da fabriziert hat. Vorsicht! Ihre Leser haben nicht Ihr Vorwissen. Sie ketten andere Assoziationen an Ihre Begriffe. Also bleiben Sie einfach und klar.

Zeigen Sie das Positive!

Was Sie über die Bildwelten im Kopf des Lesers wissen sollten und wie Sie durch Ihren Text die richtigen Bilder setzen ...

Denken Sie in den nächsten Sekunden bitte nicht an eine lila Kuh auf einem weißen Berg! Nein! Nicht daran denken! Keine Chance! Unser rechtes Gehirn kennt nur Bilder. Nicht-Bilder gibt es nicht. Und deshalb steht Ihnen jetzt auch eine lila Kuh vor Augen. Ein Phänomen mit erheblichen Konsequenzen für Ihren Werbetext – und mit erheblichen Konsequenzen für das richtige Leben.

„Bitte nicht hinauslehnen!", steht in den älteren Waggons der deutschen Bahn am Fenster, „Bitte den Rasen nicht betreten!", verkündet die Beschilderung im Park. Immer wieder setzt man uns – gut gemeint – Bilder in den Kopf, die das genaue Gegenteil der gewünschten Handlung zeigen.

Nun sieht der Bahnfahrer sich weit aus dem Fenster gelehnt, und im Kopf des Spaziergängers erscheint mit dem Bild doch die Idee, über den Rasen zu gehen. Die Konsequenz für den Werbetext: Wenn Sie Positives meinen, müssen Sie positiv formulieren. Nur dann rufen wir korrekte Bilder im Kopf des Lesers ab.

Überlegen Sie einmal: Mit „kein Problem", „keine Gefahr", „kein Risiko" steht Ihrem Leser eine problematische, eine gefährliche, eine riskante Situation vor Augen. Und wenn Sie die nicht zeigen wollen, brauchen Sie eine andere Formulierung. Ein Texter schreibt hier „einfach" für „kein Problem", „sicher" an Stelle von „kein Risiko" oder „keine Gefahr". Nur wenn die positive Formulierung nicht gelingt, nutzt er das zusammengesetzte Wort: „Problemlos", „gefahrlos", „risikolos". Auch das ist besser als die doppelte Verneinung, lässt es doch immerhin noch in einem Wort den positiven Wortsinn erkennen.

Und wenn die doppelte Verneinung doch einmal stehen bleibt? Kein Problem! Eine doppelte Verneinung meint ja das Positive. Allerdings sollte Sie nur stehen bleiben, wenn Sie das Problem, die Gefahr, das Risiko bewusst zeigen wollen. Zum Beispiel im Finanzdienstleistungsbereich, in Abgrenzung zu Mitbewerbern oder um bei schwierigen Produkten korrekt zu bleiben.

Schreiben Sie also positiv! Meiden Sie vor allem Formulierungen mit „kein", „nicht", der Vorsilbe „-un" oder der Schlusssilbe „-los". Werden Sie sensibel für die vielen Möglichkeiten der deutschen Sprache, eine Verneinung auszudrücken, und rufen Sie bewusst die richtigen Bilder im Kopf des Lesers ab.

Im Zug heißt es heute: „Fenster geschlossen halten", und in immer mehr Parkanlagen sagt die Beschilderung mit dem richtigen Bild: „Bitte auf den Wegen bleiben!"

Hier endet der erste Teil Ihres Buches.

- Im folgenden Kapitel finden Sie nun praktische Hand-
werkszeuge, die Ihnen helfen, Texte sofort zu optimieren –
ganz gleich, ob Sie Vorteile für Ihr Angebot entwickeln
oder Ihren Rohtext redigieren wollen. Kapitel 8 liefert die
praktische Anleitung dazu.

- Weil beim Texten einzelner Instrumente zahlreiche Besonderheiten zu beachten sind, beschäftigen sich die Kapitel 9 bis 12 mit einzelnen Instrumenten des Direktmarketing. Und zeigen Ihnen mit vielen praktischen Tipps die
Umsetzung des bisher Gelesenen.

Kapitel 8: Wohin das alles führt ...

> *Oder: Wie Sie Ihre Texte redigieren und im*
> *Handumdrehen Optimierungschancen finden*

Was Ihr Redigiersystem leistet ...

> *Was Redigieren eigentlich ist und warum es dabei*
> *nicht um „Richtig" oder „Falsch" gehen kann*

„Was haben wir getan?", ruft die reumütige Täterin ihrem
Kumpan im Fernsehkrimi zu. Was haben wir getan in diesem
Texterbuch?

Nun, bis jetzt haben Sie sich ein Redigiersystem erarbeitet.
Ein System, das Ihnen in klaren Schritten zeigt, wo und wie
Sie Ihren Rohtext zum Reintext weiterbearbeiten. Und die-
ses System lernen Sie in diesem Kapitel anzuwenden.

Erinnern Sie sich? Texten ist ein Prozess. Wenn Sie Ihr Tex-
terbuch Kapitel für Kapitel gelesen haben und den einzelnen
Arbeitsvorschlägen gefolgt sind, haben Sie am Ende des 4.
Kapitels Ihre ersten Rohtexte verfasst.

Jetzt lernen Sie die einzelnen Schritte kennen, um aus Ihrem
ersten Textentwurf den druckreifen Werbetext zu entwickeln. Wenn Sie erfahrener Texter sind, berücksichtigen Sie
einige dieser Schritte bestimmt schon intuitiv. Und wer noch
nicht so viel Text-Erfahrung mitbringt, schaut jetzt den Profis
„über die Schulter". Denn auch Profis „redigieren". Allerdings geschieht das, was Sie auf den nächsten Seiten Schritt
für Schritt kennen lernen, im Kopf.

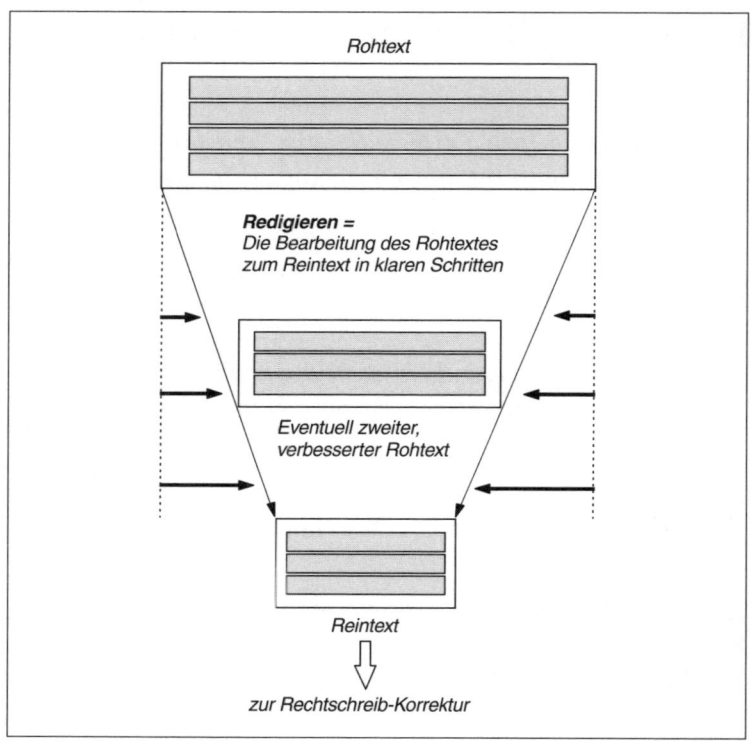

Texten: Strukturiertes Bearbeiten vom Rohtext zum Reintext

Natürlich haben Sie beim Redigieren selbst das letzte Wort. Denn den einzig richtigen Weg zu schreiben gibt es nicht. Sonst klängen alle Texte im Direktmarketing gleich. Weitere Faktoren spielen in die Entstehung Ihres Textes hinein:

➤ Wie sprechen Sie Ihre Zielgruppe an?

➤ Welches Ziel wollen Sie wie erreichen?

➤ Schreiben Sie an Kunden oder Nichtkunden? Und so weiter.

Wichtig ist: Was Sie mit dem Redigiersystem in Ihren Texten kennzeichnen, ist nicht falsch. Dieses System zeigt Ihnen lediglich Optimierungschancen. Ob Sie optimieren, entscheiden Sie selbst. Doch wenn Sie optimieren wollen, wissen Sie, wie's geht. Denn das verraten Ihnen die Inhalte Ihres Texterbuchs. Denken Sie auch daran: Nichts, was Sie hier lesen, ist „in Stein gemeißelt". Doch dieses System soll Sie sensibilisieren. Und deshalb kennzeichnet man zu lange Sätze, auch wenn Sie dann entscheiden, sie stehen zu lassen.

Übung

Wenn Sie keine Werbemittel oder eigene Texte zur Hand haben: Hier ist eine einfache Möglichkeit, Ihr Redigiersystem sofort auszuprobieren. Und gleich für eigene Werbemittel vorzuarbeiten.

1. Entscheiden Sie sich für eines Ihrer **Angebote**! Für dieses Produkt werden Sie jetzt texten.

   . . . .
   . . . .

2. Überlegen Sie: An welche **Zielgruppe** wollen Sie dieses Produkt verkaufen?

   . . . .
   . . . .

3. Schreiben Sie nun **Ihren ersten Rohtext**! Stellen Sie sich vor, Ihre Zielperson fragt Sie: Welchen Vorteil habe ich? Warum soll ich dieses Produkt kaufen? Warum soll ich diese Dienstleistung nutzen? Schreiben Sie nun Ihre Antwort in ganzen Sätzen auf ein Blatt Papier. Je ausführlicher, desto besser, denn an diesem Text werden Sie sofort Ihre Redigier-Werkzeuge ausprobieren.

   . . . .
   . . . .

Ihr Werkzeugkasten zur Text-Optimierung

> *Wie Sie in 10 Schritten mit einem Rotstift Rohtexte
> bearbeiten, neue Chancen in Ihren bisherigen Texten
> entdecken und einfach texten wie ein Profi*

Jetzt kann's losgehen. Alles, was Sie brauchen, ist ein Stift.
Am besten zwei Farben: Rot und Grün. Und Ihren Rohtext.
Oder bereits fertige Texte, die Sie überprüfen wollen. In der
linken Spalte finden Sie zunächst Ihre Arbeitsanweisung, in
der rechten Spalte das dazu gehörende Bild. Kennzeichnen
Sie direkt in Ihren Texten. Nach der Arbeitsanweisung folgt
eine kurze Erläuterung und anschließend eine Kapitelangabe
aus Ihrem Buch. In diesen Kapiteln finden Sie die ausführliche Begründung für den jeweiligen Redigierschritt.

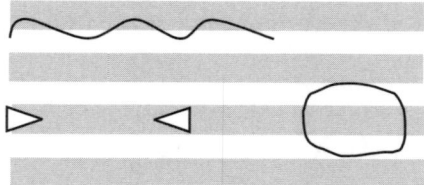

Kennzeichnen Sie Optimierungschancen jetzt direkt in Ihrem Text!

1. Kontrollieren Sie **Satzlängen**! (max. 14 Wörter)

TextText
~~~~~~

**Wenn 15 Wörter oder mehr auftauchen, kennzeich-
nen Sie den Satz mit einer Schlangenlinie ...**

*Zu lange Sätze machen es dem Leser schwer, den roten Faden zu behal-
ten. Doch Ihr Leser muss schnell verstehen, worum es geht, muss eine
Information schnell auswerten. Hüten Sie sich also vor langen Schach-
telsätzen. Erkennt Ihr Leser das Satzende, und hat er bis dahin verstanden, ist das ein kleines Erfolgserlebnis. Also setzen Sie frühzeitig den
Punkt.*

(Mehr dazu in den Kapiteln 2 und 5.)

2. Kontrollieren Sie **Personal- und Possessivpronomen:**

Wo lässt sich **ich/wir/uns/unser** in **Sie/Ihr/Ihnen** verwandeln?

Hier ist „Ihr neues Fahrrad" wollten wir schreiben, nicht mehr „unser neues Fahrrad". Denn Sie sollten Vorteile direkt in den Kopf und die Welt des Lesers beziehen. Nun überprüfen Sie: **Alle „ich", „wir", „uns", „unser" kennzeichnen Sie durch einen roten Kreis.** *Vielleicht entdecken Sie doch noch eines, das sich direkt beziehen lässt.*

Selbstverständlich werden viele „ich", „wir", „uns", „unser" stehen bleiben. Gerade im Brief sind sie nötig. Trotzdem kennzeichnen wir jedes Einzelne.

Alle „Sie", „Ihr", „Ihnen" kennzeichnen Sie mit einem grünen Kreis oder einer angedeuteten Wolke. *Überprüfen Sie das Verhältnis rot-grün oder Kreis-Wolke. Verkaufstexte müssen deutlich mehr „Sie", „Ihr" und „Ihnen" aufweisen. Dann Überwiegt die Direktansprache.*

(Mehr dazu in Kapitel 5.)

3. Kontrollieren Sie **Wortlängen:**

Kennzeichnen Sie 4-silbige und längere Begriffe!

Schluss mit Donaudampfschifffahrtsgesellschaftskapitänsmützen! Wortmonster wollten wir kürzen. Durch Umschreibung (Genitiv) oder den Bindestrich. **Und deshalb kennzeichnen wir sie im Text mit kleinen Pfeilchen.**

(Mehr dazu in den Kapiteln 3 und 5.)

4. Kontrollieren Sie **Fremd- und Modewörter!**

Kennzeichnen Sie alle Begriffe, die Ihre Zielgruppe nicht mühelos versteht, mit einem roten Kästchen!

Firmeninterne Sprachen, Fachsprachen, jedes Wort, das Ihre Zielgruppe nicht mühelos versteht, spüren Sie auf. Welche Worte erzeugen kein Bild im Kopf Ihres Lesers? Werden Sie sensibel, oder fragen Sie doch einfach Ihre Zielgruppe ...

(Mehr dazu in Kapitel 7.)

5. Kennzeichnen Sie **bildleere Hauptwörter und den Nominalstil!**

-ung, -keit, -heit, -ät, -ion, -ive, -ismus

TextText

Wenn diese Endungen auftauchen, sagen sie uns: Hier findet man oft ein besseres, bildhafteres Wort oder eine Umschreibung. Bekämpfen Sie den Nominalstil, und **kennzeichnen Sie Hauptwörter, die so enden, mit einer roten Linie.**

Natürlich gibt es auch hier viele Begriffe, die bleiben werden. Doch in dieser Phase kennzeichnen wir – und machen in der nächsten Textfassung aus „... haben Sie optimalen Versicherungsschutz ...“ ein „... sind Sie bestens versichert ...“

(Mehr dazu in Kapitel 7.)

6. Streichen Sie **Hilfsverben!**

Können, müssen, möchten, dürfen, wollen, sollen, würden ...

TextText

Streichen Sie Hilfsverben und den Konjunktiv (würden) durch ein rotes X aus Ihren Texten!

Denn Hilfsverben erzeugen kein Bild im Kopf des Lesers und bringen das Verb an das Ende des Satzes („... möchten wir Ihnen schicken“). In den meisten Fällen lassen sich Hilfsverben einfach streichen. Schon werden Ihre Sätze klarer, aktiver. „Können“ bleibt hin und wieder stehen, und zwar dann, wenn es im Sinn von „die Fähigkeit haben“ gebraucht wird.

Weitere Ausnahme: Wenn wir „können“ benutzen, um Aussagen zu relativieren. So wird Ihre Bank nie mit einer Aussage werben, die da heißt: „Mit dem Produkt xy erzielen Sie eine Rendite von 10 Prozent“. Hier relativiert man „... können Sie bis zu 10 Prozent Rendite erzielen.“

(Mehr dazu in Kapitel 7.)

7. Kennzeichnen Sie **negative Begriffe!**

„kein", „nicht", „nein", die Vorsilbe „un-" ma-
chen Sie durch eine rote, gezackte Linie kenntlich.

Erinnern Sie sich: Für den Werbetext gilt: Schreiben Sie positiv. Doch oft zeigt man dem Leser auch unabsichtlich ein negatives Bild. Zum Beispiel durch das so beliebte „kein Problem". Positiv formuliert würden wir sagen „einfach". Überprüfen Sie einmal die Bilder im Kopf Ihres Lesers ...

(Mehr dazu in den Kapiteln 5 und 7.)

8. Der zweite **Rohtext**

Schreiben Sie eine weitere, optimierte Textfassung: Ihren zweiten Rohtext.

Mit den Redigierschritten 1 bis 7 haben wir Optimierungschancen gekennzeichnet. Nun verbessern Sie Ihren Text und schreiben eine zweite, verbesserte Fassung. Auch die sollten Sie noch einmal mit Ihrem Redigiersystem überprüfen. Auf dem Weg zum Reintext helfen Ihnen jetzt noch zwei weitere Schritte:

9. Erzeugen Sie **„etwas Druck"!**

In Kapitel 5 haben wir sie kennen gelernt: die Möglichkeit, den Leser durch kleine Wörtchen zur Reaktion zu führen. Überlegen Sie also: Wo kann Ihr Text durch „jetzt", „gleich", direkt" „nur bis" usw. noch aktivierender werden, noch deutlicher zur gewünschten Reaktion führen?

(Mehr dazu in Kapitel 5.)

10. Verstärken Sie Ihren Text durch **positive Begriffe!**

„Ja", „gerne", „selbstverständlich", aber auch „gratis", „gut", „schön", „Geschenk", „Gewinn" usw. sind Begriffe, die Ihr künftiger Kunde gerne liest. Sie lösen positive Assoziationen aus und helfen Ihnen, nicht allzu nüchtern zu bleiben. Übrigens setzt man gerade auf solche Begriffe, wenn ein zu kurzer Text „auf Stand" gebracht werden muss, das heißt, wenn er noch nicht die nötige Länge erreicht hat (z. B. in einem Katalog), die Inhalte jedoch schon stehen und man nur noch einige Wörter benötigt, um das Ziel zu erreichen. Geben Sie Ihren Texten also noch ein freundlicheres Gesicht.

(Mehr dazu in Kapitel 5.)

■ Ihr Reintext ...

Nach Schritt 10 optimieren Sie nochmals. Fordern Sie die gewünschte Reaktion deutlich genug ein? Liest sich Ihr Brief durch ein eingefügtes „gerne" angenehmer? Nach letzten Änderungen liegt nun der Reintext vor Ihnen. Wenn die Möglichkeit besteht, lassen Sie ihn noch eine Nacht liegen und überprüfen ihn am nächsten Tag mit etwas mehr Abstand noch einmal.

Nun fehlt nur noch – falls nicht bereits während des Textens geschehen – die Rechtschreibkorrektur. Falls Sie jetzt einen Korrektor oder ein Korrekturbüro hinzuziehen, liefern Sie eine Liste der verwendeten Fachbegriffe mit. Kontrollieren Sie in jedem Fall noch einmal die Korrekturen – und alle Adress- und Unternehmensdaten. Nichts ist peinlicher, als in der gedruckten Fassung eines Prospekts doch noch einen Fehler zu entdecken: „Benchmarketing" statt „Benchmarking" oder eine falsche Telefonnummer. Denken Sie auch daran, dass ein Korrektor natürlich nach „Duden" korrigiert. Als Texter haben Sie sich vielleicht an manchen Stellen für mehr Verständlichkeit entschieden. Und zum Beispiel einen Punkt vor dem „und" gesetzt, den Ihr Korrektor – ganz korrekt – entfernt hat.

☛ **Wichtig:** Ein nützliches Werkzeug ist ein Synonymwörterbuch.

„Schlafen", „pennen" oder „in Morpheus Armen liegen"? „Gehen", „flanieren" oder „spazieren"? Ein Synonymwörterbuch liefert Ihnen sinnverwandte Begriffe und ist ein unentbehrliches Texterwerkzeug. Übrigens haben Sie bereits ein solches Wörterbuch in Ihrem PC: Es ist der Thesaurus Ihrer Textverarbeitung. Doch der ist für Sie erst nützlich, wenn sein Vokabular groß genug ist. Deshalb müssen Sie ihn zunächst mit Wörtern „füttern". Und weil das im Arbeitsprozess oft eher lästig ist, arbeiten viele Texter mit einem Synonymwörterbuch.

Warum die nächsten Kapitel so wichtig sind ...

An dieser Stelle endet Ihr Texterbuch. Oder besser gesagt, hier sollte es enden, wenn da nicht noch ein Aspekt wäre, der die Entstehung von Werbetexten beeinflusst: Jedes Medium stellt eigene Anforderungen an den Texter. Durch seine Struktur, durch Vorschriften und Gesetzmäßigkeiten, die Sie als Texter kaum beeinflussen können.

So, wie die Mediadaten der Verlage Anschläge und Größe der Anzeige vorgeben, gelten für das Mailing Postvorschriften, die Größe und Gewicht definieren. Gleichzeitig gibt es oft getestete Regeln, wie eine Botschaft denn nun am besten zu transportieren wäre. Deshalb dreht sich in den folgenden Kapiteln alles um einzelne Medien – und darum, was sie von einem Texter fordern ...

Wir starten mit dem klassischen Mailing, der adressierten Werbesendung mit Brief, Prospekt und Antwort-Element, landen mit dem „Text im Internet" und betrachten im Schlusskapitel ganz kurz Anzeigen und den E-Mail-Newsletter.

Los geht's mit Teil II ...

Teil II

Kapitel 9: Wie Sie mit Werbebriefen mehr verkaufen ...

Wie Werbebriefe echte Briefe werden und Ihrem Mailing Persönlichkeit verleihen

Das Mailing oder die „adressierte Werbesendung mit Brief, Prospekt und Antwort-Element" ist noch immer das Lieblingskind der Direktwerber. Sie hat Tradition, jeder der Empfänger kann dieses Medium „bedienen", und die Nähe zum persönlichen Privatbrief hilft, Werbeinhalte zu transportieren.

Selbstverständlich stellt ein Mailing klare Anforderungen an den Text. In diesem Kapitel beginnen wir mit dem Brief. Er verlangt eine bestimmte Form, soll er als solcher erkannt werden. Er braucht Einstieg, Ausstieg – und noch mehr ...

Auch Werbebriefe sind Gespräche auf lange Distanz

Briefe sind Gespräche auf lange Distanz. Denn ein Brief ist eine schriftliche Rede, die an einen abwesenden Empfänger gerichtet wird. Während wir Privatbriefe mit viel Geduld verschlingen und die Gedanken des Schreibers mit entwickeln, sind Werbebriefe eher die ungeduldigen Kinder der Briefkultur. Das Auge hält während der ersten schnellen Betrachtung eines Mailings etwa zehn Mal für ca. je zwei Zehntel Sekunden an. Briefe müssen also in zwei Sekunden wirken und Vorteile für den Leser signalisieren. Tun sie dies, beginnt der Lesevorgang. Und nun kommt es auf die Führung des Lesers zur Bestellung an.

Vergleicht man Werbesendungen mit einem echten Verkaufsgespräch, ist der Brief die persönlichste Form der Kontaktaufnahme – und entspricht der „Kontaktstufe" echter Gespräche. Auch im Werbebrief ist Platz für Persönliches. Hier darf der schreibende Mensch präsent sein und formulieren: „Ich empfehle Ihnen ...". Überlegen Sie selbst: Klingen Ihre Briefe wie eine Produktpräsentation oder wie eine persönliche Botschaft? Wenn der Eindruck „Produktpräsentation" bleibt, verschenken Sie eine Chance.

Übrigens: Ein Werbebrief lebt noch immer von einer in vielen Jahren gelernten Vorstellung, was ein Brief eigentlich sei: eine persönliche Botschaft von einem Menschen zu einem anderen. Dieses Signal „persönlich" wird jedoch nur gegeben, wenn Ihr Brief tatsächlich dem gelernten Erscheinungsbild eines Briefes (zumindest grob) entspricht. Denn Ihr Brief muss als solcher „erkannt" werden und selbstverständlich signalisieren: Ich bin schnell auszuwerten. Dabei helfen die folgenden Hinweise:

➤ Geben Sie Ihrem Brief eine klare Struktur: Im Brief erwartet der Leser noch immer einen Briefkopf, das genaue Datum, eine persönliche Unterschrift und (nicht mehr unbedingt) ein PS.

➤ Achten Sie auf die Länge Ihrer Absätze. Kurze Absätze von durchschnittlich drei, maximal sieben Zeilen signalisieren: Hier steht eine vollständige, leicht aufzunehmende Information. Denn unser Gehirn sucht stets den mühelosesten Weg, um Informationen auszuwerten. Deshalb sollte Ihr erster Absatz auch kürzer sein als die folgenden. Der Lesevorgang beginnt oft dort, wo am wenigsten Aufwand gefordert ist.

Übrigens ist deshalb das PS – falls Ihr Brief eines enthält – der erste **gelesene** Briefabsatz. Nutzen Sie es als Führungselement! Platzieren Sie hier eine kurze Zusammenfassung, fordern Sie nochmals zur Reaktion auf, oder loben Sie einen Zusatzvorteil aus.

116

➤ Halten Sie Ihren Briefkopf von unnötigen Angaben frei. Wichtig im Werbebrief ist nur, was der Leser versteht. Kürzel wie „Ihr Zeichen/Unser Zeichen" mit nutzlosen Buchstabenkombinationen wie „sg/cb" oder Hinweise wie „Vorgangs-Nr. 3355A65" verwirren und sind wenig brauchbare Informationen im Verkaufsgespräch. Viel zu groß ist das Risiko, dass diese Informationen kostbare Augenhaltepunkte von Ihrem Angebot abziehen.

Alle Vorteile in zwei Sekunden ...

Etwa zehn Mal hält das Auge bei der ersten Betrachtung eines DIN A4-Briefes für ca. zwei Zehntel Sekunden an. Verbrauchte Zeit: etwa zwei Sekunden. Das haben die Augenkamera-Untersuchungen des DMI Institut für Direktmarketing ergeben. Vermitteln die Haltepunkte Vorteile, machen sie den Leser neugierig oder knüpfen sie zumindest an bekannte Dinge an? Jetzt fällt eine Entscheidung. Sagt der Leser „ja" zu den bislang entdeckten Inhalten, so beginnt der Lesevorgang.

Die Skizze auf Seite 118 zeigt einen typischen Blickverlauf beim Betrachten eines DIN A4-Briefes. Entlang der Augenhaltepunkte sollten Ihre Vorteile platziert sein.

■ Die einzelnen Augenhaltepunkte:

Einstieg in den Brief ist die linke obere Ecke. Das Auge springt nun zum stärksten und nächstgelegenen Bild. Hat Ihr Brief **kein Firmensignet** im Briefkopf, ist das wichtigste Bild im personalisierten Brief der Name des Lesers. Er ist im Gehirn wie ein Bild gespeichert und wird sofort erkannt. Hat der Brief – wie in unserem Beispiel – ein Firmensignet, wird dieses Bild oft zuerst betrachtet.

1.   Sprung zum Firmensignet. Meist ein farbiges Bildelement. Wenn das Logo dominat und/oder farbig ist, er-

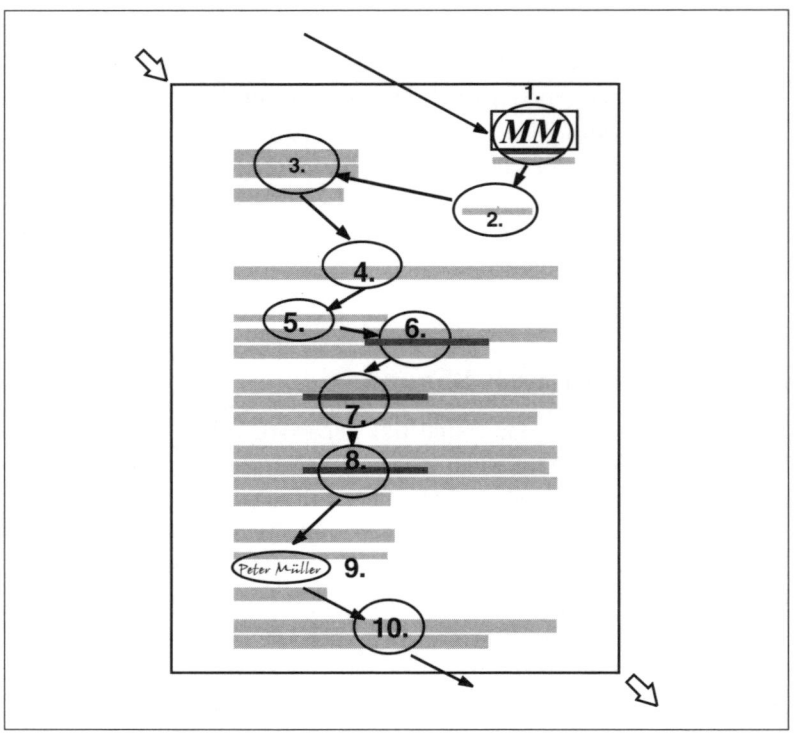

Blickverlauf und Augenhaltepunkte

folgt hier der Einstieg in den Brief. Ist der Absender bekannt, liegt schon ein kleiner Vorteil vor.

2. Auf dem Weg zum nächsten Bild (Name) nehmen wir das Datum wahr, einen allein stehenden und deshalb auffälligen Text.

3. Der Name: Ein Bild, das sagt „ICH". Ein sicheres „Ja" des Betrachters. Allerdings nur bei richtiger Schreibung.

4. Die Headline: Je nach Länge finden sich hier eventuell zwei und mehr Augenhaltepunkte.

5. Die Anrede: Hier steht nochmals der Name.

118

6. – 8. Unser Brief hat drei Absätze. In jedem Absatz führt man durch Fettdruck oder Unterstreichungen den Blick des Betrachters zu den Vorteilen des Angebots.

9. Die Unterschrift. Achten Sie darauf, leserlich zu schreiben und setzen Sie nochmals Ihren Vor- und Zunamen zur Unterschrift. Eine Funktionsangabe wie „Produktionsleiter", „Leiter Einkauf" sollte dem Leser immer ein klares Bild Ihrer Tätigkeit vermitteln.

10. Das PS: Möglicherweise wird hier schon gelesen. Ansonsten springt unser Auge nochmals ein oder zwei markante Wörter an und verlässt rechts unten den Brief.

Selbstverständlich ist dieses Kurzprotokoll eines Blickverlaufs stark verallgemeinert. Wichtig ist jedoch: Die ganze Struktur des Briefes sollte zur Betrachtung einladen. Hier liegt die Chance des Texters, im weiteren Verlauf auch alle weiteren Teile eines Mailings einzubinden: Ein kurzer Hinweis auf den beiliegenden Prospekt und die Handlungsanweisungen sind hier, im persönlichen Teil des schriftlichen Verkaufsgesprächs, am wirkungsvollsten.

Der Einstieg in den Werbebrief

Der Brief ist die persönlichste Form der Kontaktaufnahme mit einer Zielperson. Hier wird Ihr Unternehmen in Person des Schreibers als Ansprechpartner deutlich. Eine sehr persönliche Ansprache des Lesers ist nötig. Wie beginnt man den ersten Absatz?

Ein Tipp: Lesen Sie einfach die folgenden sieben „typischen" Briefeinstiege. Vielleicht passt der ein oder andere zu Ihrem Produkt und bringt Sie mit neuen Ideen „ins Schreiben". Selbstverständlich sind noch mehr als diese sieben Typen vorstellbar, doch diese gängigen Einstiege finden Sie heute in vielen Werbebriefen.

■ 1. Typ: Exklusivität – Experte

Die Kernaussage solcher Briefeinstiege: Der Leser wird in einen besonderen Kreis gerückt. Und das teilt man ihm mit, oder man appelliert an sein fachliches Wissen. Schon steht man mitten in der Präsentation des Angebots. Noch wirkungsvoller ist dieser Einstieg, wenn der Leser zwar im Text einem exklusiven Kreis zugerechnet wird, er jedoch noch nicht „dazu" gehört. Er sieht jetzt bereits das richtige Bild – und Sie beschreiben ihm, was er tun soll, um es (durch Ihr Angebot) zu erreichen.

Typische Formulierungen:

Sie als (einer der wenigen) ...

Als Experte/Fachmann für XY wissen Sie ...

Zwei Beispiele:

Sehr geehrter ...
als Experte für Messtechnik kennen Sie alle Anforderungen an ein modernes Prüfgerät. Doch nicht immer hat man alle Daten und Zahlen sofort zur Hand. Deshalb schreibe ich Ihnen heute ...

Sehr geehrter ...
Sie gehören zu einem kleinen Kreis ganz besonderer Müller-Kunden. (...). Deshalb möchte ich Sie einladen: Werden Sie Mitglied im exklusiven Müller Platin Club ...

■ 2. Typ: Ideal-Situation

Dieser Einstieg führt mit einem Hauptvorteil für den Leser in den Brief. Schon in den ersten Zeilen zeigen Sie eine Idealsituation – und beschreiben im folgenden Text, wie Ihr Leser diese Idealsituation durch Ihr Angebot erreicht.

Typische Formulierung:

Stellen Sie sich vor, ...

120

Ein Beispiel:

> Stellen Sie sich vor, Ihre Inventur ist künftig in 30 Minuten erle-
> digt. Sicher wäre das eine große Arbeits-Erleichterung. Deshalb
> zeige ich Ihnen heute ...

■ 3. Typ: Noch fehlt das Produkt

Diese Briefe erinnern den Kunden zunächst an eine bekannte Situation und beschreiben dann, wie durch Vorteile des Produkts
eine schönere, bessere Situation erreicht wird. Aber Vorsicht:
Der Leser darf durch die „Mangelsituation" nicht abgeschreckt
und an zu Unangenehmes erinnert werden! Deshalb stellen Sie
diesem Texteinstieg unbedingt eine positive Headline voran.

Typische Formulierungen:

> Sicher kennen Sie diese Situation ...
>
> Das haben Sie sicher schon erlebt ...

Ein Beispiel:

> Sehr geehrter Herr Müller,
> das haben Sie sicher schon erlebt: Ein Mailing „fünf vor zwölf".
> Der Kunde will von Ihnen eine zündende Idee, genial umgesetzt
> mit sicherer Landung im richtigen Briefkasten. Und die Kosten hat
> er scharf kalkuliert.
>
> Wenn Sie sich in einer solchen Situation an diesen Brief erinnern,
> können Sie den Auftrag getrost annehmen. (...)

■ 4. Typ: Druck erzeugen

Ein Einstieg, der mit Vorsicht zu genießen ist. Hier spielt man
mit der Angst des Lesers, etwas zu versäumen oder nicht zu wissen, und bietet im Folgetext die Lösung. Aber wehe, der erzeugte
Druck ist zu stark! Ein verärgerter Leser ist nicht nur für dieses
Angebot, sondern auch für das nächste Ihres Unternehmens vielleicht nicht mehr empfänglich. Trotzdem ein äußerst wirksamer

Briefeinstieg, wenn aktuelle Informationen oder Publikationen angeboten werden – falls Ihnen diese Gratwanderung gelingt.

Ganz besonders wichtig: Immer weniger Menschen lassen sich durch Werbung unter Druck setzen. Ganz anders, wenn nicht Sie selbst, sondern ein externes Ereignis diesen Druck auslöst: Naturkatastrophen, Gesetzesänderungen, sonstige Tatsachen, die von außen gesetzt sind. Dann versteht der Leser Ihren Briefeinstieg als Service, denn Sie erinnern ihn, bieten Lösungen für etwas Unaufhaltsames an. Erinnern Sie sich nur an die vielen Werbebriefe anlässlich der Computer-Anpassung zur Jahrtausendwende.

Zwei Beispiele:

Sehr geehrter Leser,
nur noch 14 Tage, dann steht Weihnachten vor der Tür. Haben Sie schon all die großen und kleinen Präsente für Familie, Freunde, Kollegen ...

Sehr geehrter Leser,
der Euro rückt näher. Da ist es ganz besonders wichtig, schon heute für die Anforderungen von morgen gerüstet zu sein. Deshalb ...

■ 5. Typ: Die Überraschung

Hier ist das Zusammenspiel von Headline und Einstieg ganz besonders wichtig. Denn auch, wenn durch eine überraschende Formulierung Neugier erzeugt wird: Um Irritationen des Lesers zu vermeiden, müssen die ersten Sätze sofort erklären, worum es geht.

Ein Beispiel:

Gehen Sie doch mal mit Ihrem Aktenschrank zum Dinner...

Sehr geehrter Herr Meier,
bitte erlauben Sie mir hier dieses „schiefe Bild". Denn so unglaublich es klingt: Dieses Dinner wäre möglich und ist nur eine der vielen Überraschungen, die Ihnen das neue Desktop-System XY bietet.

Mit XY geht Firma X nämlich ganz neue Wege und nutzt ein besonderes Speichermedium: Die „Magneto Optical Disk". Der Clou: Eine Disk nimmt mit 13 000 Blatt DIN A4 nicht nur den Inhalt eines mittleren Aktenschranks auf, sondern hat sogar spielend in einer Westentasche Platz. Sie sparen enorm viel Arbeits- und Ablagefläche ...

■ 6. Typ: Starker „Ich-Erzähler"

Eine seltene, sehr persönliche Form des Einstiegs: Hier tritt der Schreiber stark in den Vordergrund, berichtet persönliche Erlebnisse, die ihn von dem neuen Produkt XY überzeugten. Ein Vorteil diese Einstiege: Die Einführung weiterer Personen und ihrer Statements hat Testimonial-Charakter. Denn die Glaubwürdigkeit solcher Testimonials oder Referenzen hängt hier allein an der Erzählerperson. Trotzdem ist der Grat zwischen überzeugendem Werbebrief und „Abenteuer aus 1001 Nacht" manchmal recht schmal.

Ein Beispiel:

Ich möchte Ihnen eine Geschichte erzählen.
Sie ereignete sich im IC „Niedersachsen".
Kein Märchen, ein Krimi, der mir die Haare zu Berge stehen ließ.

Liebe Leserin, lieber Leser,
es war auf der Rückfahrt von der CeBIT Hannover, der letzte Intercity nach Bonn. In Hannover stieg ich zusammen mit einem sehr sympathischen Mann in ein noch leeres Abteil. Wir kamen sehr

> bald ins Gespräch, weil wir wohl keine Lust hatten, noch mehr
> Unterlagen zu lesen ...

Der Gesprächspartner ist Gerichtsvollzieher und diskutiert mit
dem Erzähler, welche Fehler Unternehmensgründer begehen –
nur aus Mangel an geeigneter Information. Während der fiktiven
Zugfahrt könnte der Erzähler nun weitere Referenz-Personen
auftreten lassen, die Problem und Lösung präzisieren. Das Angebot des mehrseitigen Briefes: Ein Handbuch für den erfolgreichen Aufbau des eigenen Unternehmens.

Insgesamt wird diese sehr persönliche Textform weniger oft in
Werbebriefen, dafür aber umso häufiger in Entschuldigungs-
Briefen verwendet. Hier entsteht ein positiver Eindruck beim
Leser: Der Ansprechpartner entschuldigt sich. Dies zeigt, dass er
alles Mögliche getan hat, um eine Auslieferung zu sichern. Er
weist auf den nächsten Termin hin und signalisiert Gesprächsbe-
reitschaft. Das ist weit wirkungsvoller als ein unpersönlicher
Formbrief, den manche Unternehmen leider immer noch ver-
schicken.

■ 7. Typ: Die Zustimmungs-Kette

Angelehnt an den Verlauf eines Verkaufsgesprächs gibt es eine
weitere Möglichkeit, in den ersten Absatz einzusteigen. Stellen
Sie sich vor, Sie führen ein solches Gespräch – und Ihre Aufgabe
ist es nun, dem Leser mit jedem Satz ein Ja, eine Zustimmung zu
entlocken. Auch bei schwierigen Themen ...

> Sehr geehrter ...
> Kinder haben macht viel Spaß. Aber Sie machen einem auch oft
> Sorgen. Hoffentlich ist nichts passiert, haben Sie sicher schon das
> ein oder andere Mal gedacht ...

124

Die Briefeinsteige im Überblick:

1. Typ: Exklusivität – Experte
2. Typ: Ideal-Situation
3. Typ: Noch fehlt das Produkt ...
4. Typ: Druck erzeugen
5. Typ: Die Überraschung
6. Typ: Starker Ich-Erzähler
7. Typ: Die Zustimmungs-Kette

Der Mittelteil

Im Mittelteil folgen Vorteile für Ihren Leser. Packen Sie nicht zu viele Fakten in einen Absatz. Hier gilt: Weniger ist mehr. Ein Thema pro Absatz, ein Gedanke pro Satz. Zuviel verwirrt den Leser, der nicht über Ihre Vorinformationen verfügt.

Inhalte sind beispielsweise:

➤ die Hauptvorteile Ihres neues Produkts für die Zielperson

➤ eine beispielhafte Lösung durch Ihr Produkt

➤ eine knapp gehaltene Vorher-Nachher-Darstellung

➤ eine persönliche Einführung durch eine Referenz

Übrigens:
Vorteile für den Leser müssen immer vermittelt werden. Auch wenn Sie sie mit den oben genannten Themen kombinieren.

Nehmen Sie den Leser mit

Wenn Sie Werbetexte schreiben, erwarten Sie von Ihren Lesern natürlich auch eine Reaktion. Potenzielle Kunden sollen Ihr Ladengeschäft aufsuchen, anrufen oder sofort bestellen. Und das heißt immer auch: Ihr Text sollte zu dieser Reaktion hinführen.

Nehmen Sie also den Leser Ihres Mailings an die Hand, führen Sie ihn durch den Brief in den Prospekt, vom Prospekt zur Antwortkarte und hier zur Bestellung. Das ist nicht immer ganz einfach. Denn schließlich sollte jeder Ihrer Sätze die Zustimmung des Werbelesers erhalten. Denn Ablehnung heißt „nicht mehr weiterlesen". Doch es gibt einige Formulierungen, die Ihnen bei der Führung des Lesers helfen. Zum Beispiel die Formulierungen:

> Sicher stimmen Sie mir zu ...
>
> Unter Kollegen verrate ich Ihnen ...
>
> Als Experte für XY wissen Sie ...
>
> Wer viel arbeitet, weiß wie wichtig Entspannung ist ...
>
> (oder ähnliches)

Jede dieser Formulierungen erzeugt ein kleines „Ja" im Kopf Ihres Lesers. Lassen Sie ihm wenig Nein-Chancen, und nehmen Sie ihn mit. Besser als „Kennen Sie diese Situation?" sind die Formulierungen:

> Sicher kennen Sie diese Situation.
>
> Das kennen Sie mit Sicherheit.

Zwei „magische" Worte helfen Ihnen in allen Texten, den Leser zu führen. Es ist das „ja" und das kleine Wörtchen „einfach". Mit „ja" nehmen Sie Zustimmung vorweg: „Ja, die Technik macht's möglich." Durch „einfach" reduzieren Sie Reaktionsschwellen: „Einfach gleich ausfüllen und abschicken!"

Der Ausstieg aus dem Brief

Wenn Sie Ihren Leser durch Ihre Werbebotschaft führen, heißt das: Halten Sie seine Hand bis zum Ausstieg bzw. bis zur Bestellung. Im Brief bedeutet dies: **Kein Werbebrief sollte Ihr Haus ohne Bestellaufforderung verlassen.** Doch es gibt noch weitere Alternativen für den Ausstieg:

➤ Geben Sie Ihren Lesern zum guten Schluss noch einmal Sicherheit durch Wiederholung des wichtigsten Verkaufsarguments.

➤ Machen Sie ein telefonisches Beratungsangebot.

➤ Weisen Sie auf die einfache Bestellung oder die unkomplizierte Lieferung hin.

➤ Erwähnen Sie den beiliegenden Prospekt, in dem alle Vorteile nochmals ausführlich dargestellt sind.

Einige Formulierungen:

Spitzentechnologie, faire Preise und kompetenter Service sind eben Ihre Pluspunkte bei (Firmenname). Den Beweis treten wir gerne an!

Herzliche Grüße aus (Firmensitz)
Ihr

Lassen Sie sich die vielen Vorteile des neuen (Produktname) nicht entgehen. Füllen Sie den beiliegenden Bestellschein am besten noch heute aus und schicken Sie ihn einfach an mich zurück. Ein frankiertes Antwortkuvert liegt bei. Schon nach wenigen Tagen erhalten Sie dann ... (Ihr persönliches Exemplar).

Mit freundlichen Grüßen

Doch am besten überzeugen Sie sich selbst und schauen einmal in einer unserer Filialen vorbei. Wir freuen uns auf Ihren Besuch.

Mit freundlichen Grüßen

Sicher wollen Sie jetzt mehr über (Produktname) erfahren. Und das verrät Ihnen der beiliegende Prospekt. Schauen Sie einfach gleich einmal hinein.

Mit freundlichen Grüßen

Geht es nicht um eine Bestellung, sondern um eine andere Reaktion, nennen bzw. beschreiben Sie die geforderte Reaktion am Ende des Briefes. Denn nach Ihrer Produkt- oder Firmenpräsentation soll ja nun der Leser aktiv werden.

So einfach beginnt Ihr Dialog mit (Firmenname)

Sicher wollen Sie nun ganz genau erfahren, was (Firmenname) Ihnen bieten kann. Nichts einfacher als das: Wählen Sie Telefon 099/99 99 und sprechen Sie mit Frau Ursula Maier. Wir freuen uns auf Ihren Anruf!

Ein freundlicher Abschied: das PS

Viel zu oft wird es vernachlässigt: das PS. Und notwendig ist es längst nicht mehr. Doch wenn Sie sich für ein PS entscheiden, hat es in Werbebriefen eine besonders wichtige Funktion. Denn das PS ist unter Umständen der Briefabsatz, der zuerst gelesen wird.

Die Erklärung für dieses Phänomen ist ganz einfach: Wer seine Werbepost öffnet, überfliegt die einzelnen Bestandteile in wenigen Sekunden. Das Auge fixiert nur Bilder, Überschriften und herausgehobene Wörter. Ist das Interesse des Betrachters geweckt, beginnt er gründlicher zu lesen. Und weil unser Gehirn dabei den Weg des geringsten Widerstands geht, beginnt der Lesevorgang nach dem schnellen Betrachten des Briefs – das Auge ist jetzt rechts unten – unter Umständen beim kürzesten Absatz in der Nähe. Und das ist das PS. Platzieren Sie im PS deshalb unbedingt nochmals:

➤ einen Zusatzvorteil, der zum Weiterlesen motiviert:

Mit den Kapiteln **„Unterhaltsrecht von A – Z"** und **„Versorgungs-
ausgleich von A – Z"** finden Sie schnell den Einstieg in die Problemlösung!

➤ eine freundliche Bestell-Aufforderung:

Am schnellsten gehen Ihre Wünsche in Erfüllung, wenn Sie per
Telefon bestellen. Einfach anrufen: Telefon 99 99 99.

➤ einen der Hauptvorteile:

Bestellen Sie Ihr neues (Produktname) noch heute zum einmali-
gen Einführungspreis von nur Euro 189,– (gilt nur bis zum 15.02.
2005!) direkt und einfach mit der beiliegenden Faxantwort.

➤ ein Beratungs-Angebot:

Bei Fragen steht Ihnen unser telefonischer Beratungs-Service unter der Rufnummer 011/00 11 12 gerne zur Verfügung. Auf
Wunsch rufen wir Sie sofort zurück.

Jeder Brief ist ein Werbebrief

Nicht nur der Brief im Mailing ist ein Werbebrief. Jede Korre-
spondenz mit Kunden, Interessenten oder Lieferanten wirbt für
Ihr Unternehmen. Auch in der Antwort auf eine Reklamation, in
einem Mahnungstext, in Briefen von Serviceabteilungen oder in
der Formulierung eines Angebots liegen werbliche Chancen.
Und die sollten Sie nutzen!

Checkliste Brief

Versetzen Sie sich selbst in die Rolle des Lesers, und prüfen Sie aus seiner Perspektive:

➤ Fördern einfache Sprache, kurze Sätze und eine klare Briefstruktur das Verständnis?

➤ Wirkt Ihr Brief persönlich? Durch Personalisierung und einen Briefstil, der ein Gespräch zwischen Schreiber und Leser abbildet?

➤ Sind die Vorteile Ihres Angebots leserbezogen dargestellt?

➤ Ist Ihr Briefformular übersichtlich, oder irritiert es durch unnötige Zusatzangaben?

Nach dem Brief kommt der Prospekt. So ist es jedenfalls im Mailing. Während der Brief den persönlichen Kontakt herstellt, zeigt der Prospekt Ihr Angebot. Wie's geht, lesen Sie im nächsten Kapitel.

Kapitel 10: Der Prospekt: Showtime für Lieblinge ...

> *Wie Sie Leser Schritt für Schritt an Ihr Angebot heranführen und Ihr Produkt in Szene setzen*

So geht's:
Der Prospekt ist Ihre Produkt-Präsentation

Wer sein Angebot professionell vermarktet, setzt auf viele Instrumente. Gerade haben Sie sich mit dem Werbebrief beschäftigt. Er macht im Mailing Ihr Angebot persönlich und stellt den Bezug zum Empfänger her. Doch der eigentliche Produktverkauf geschieht im Prospekt. Hier präsentieren Sie alle Details ...

Erinnern wir uns an den Verkäufer. Der öffnet seinen „Musterkoffer" und zeigt das Produkt. Er präsentiert jetzt Vorteil für Vorteil. Redet er beispielsweise über Sicherheit, leitet ein guter Verkäufer ein mit: „Dieser Rasenmäher macht die Gartenarbeit sicher wie noch nie!" „Warum? Wie?", denkt sein Gegenüber, und nun beginnt die Vorteilsargumentation des Verkäufers. Dabei beobachtet er sein Gegenüber genau. Und ist zufrieden, wenn der „Verstanden"-Signale sendet: ein Kopfnicken, ein zustimmendes „Ja" usw. Auch ein guter Prospekt löst diese Ja-Signale aus. Der einzige Unterschied für den Texter ist: Er muss ein solches Gespräch vorausdenken.

Denn im Prospekt will der Leser wissen, was er bekommt. Er will sehen (Sie zeigen Bilder), und im besten Fall sieht er sich selbst mit Ihrem Produkt (das leistet seine Vorstellungskraft, die inneren Bilder, die Ihre Texte hervorrufen). Es geht also nicht nur darum, das Produkt zu zeigen, sondern das Produkt durch Ihren Text in die Lebenswelt des Lesers zu transportieren.

Zwei Phasen müssen wir unterscheiden, wenn Ihr Prospekt auf dem Tisch des Empängers landet: Zunächst wird ein Prospekt nur angeschaut. Das Auge schweift über den Prospekt, nimmt Bilder, Headlines und grafisch hervorgehobene Elemente wahr – und nun „machen wir uns ein Bild". Ist es interessant genug, beginnt der Lesevorgang.

Die wichtigsten Prospekt-Elemente, um „Appetit" zu wecken

Mit den folgenden Elementen führen Sie Ihre Leser durch die Produktpräsentation und bereiten den Lesevorgang vor:

1. Aufmacher/Titel	5. Leseablauf und Führung
2. Falzung	6. Kurzzusammenfassung
3. Format	7. Textanordnung
4. Bilder	8. Garantien

■ 1. Der Aufmacher

Auf der Titelseite platzieren Sie das stärkste Bild Ihres Prospekts. Einen Blickfang, der dem Betrachter den Hauptvorteil Ihres Produkts zeigt oder ihn neugierig macht. Ideal und üblich sind Text-Bild-Kombinationen: Headline – Bild (evtl. mit Label) – Subline. Ihr Titel ist ein Führungselement und motiviert den Leser, sich näher mit Ihrem Angebot zu beschäftigen.

■ 2. Die Falzung

Meiden Sie zu komplizierte Falzungen. Sie könnten Ärger oder Irritation auslösen. Achten Sie darauf, dass durch die Falzung die Führung des Betrachters nicht verloren geht. Die gängigsten Falzarten: einfacher Mittelfalz, Wickelfalz, Leporello oder Kreuzbruch.

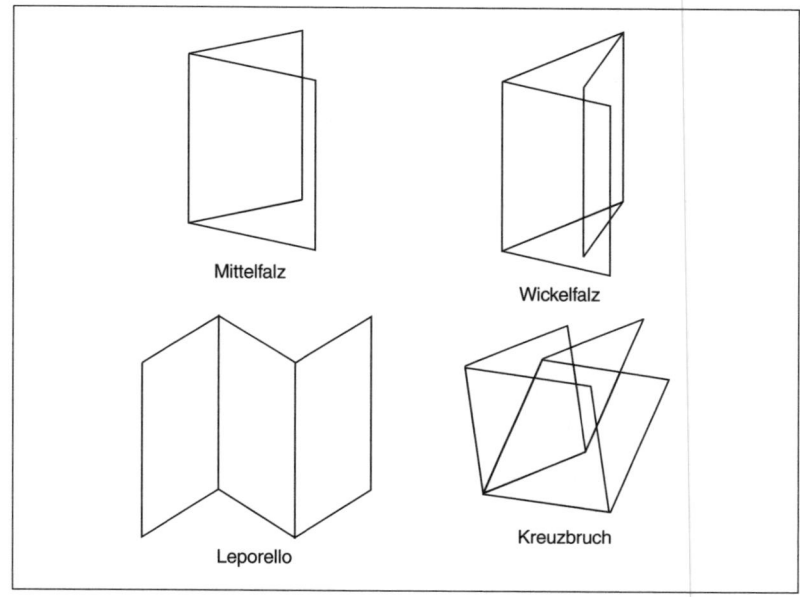

Mittelfalz

Wickelfalz

Leporello

Kreuzbruch

Die wichtigsten Falzarten für einfache Prospekte

■ 3. Das Format

Die Portogebühren und die damit zusammenhängenden Gewichtsgrenzen beeinflussen die Wahl Ihres Prospektformats. Üblich sind alle Abwandlungen des Formates DIN A4 im Standardmailing 20 Gramm. Grundsätzlich sollte jedes Format vom Betrachter problemlos gehalten, gewendet und aufgeblättert werden können.

■ 4. Die Bilder

Zeigen Sie Ihr Produkt in Aktion, mit Menschen, bei der Problemlösung. Machen Sie keine langweiligen Sachfotos, und versehen Sie Bilder im Prospekt mit einer Bildlegende. Auch sonstige Bildelemente, Grafiken, Illustrationen, Signets, farbige Fonds passen in Ihren Prospekt. Zum Beispiel, um bestimmte Textteile stärker hervorzuheben.

■ 5. Leseablauf und Führung

Mit Bildern, Headlines und Hervorhebungen führen Sie durch den Prospekt. Im Format DIN A3 gefalzt, rechnet man bei der ersten schnellen Betrachtung mit ca. zehn Augenhaltepunkten (Fixationen) pro Seite DIN A4 (also auf Titel und Rückseite), mit ca. 15 Fixationen pro Seite DIN A3 (Innenseiten).

Übriges: Etwa 50 Prozent der Betrachter drehen einen Prospekt noch vor dem Öffnen um und beschäftigen sich nach dem Titel mit der Rückseite. Deshalb sollten Sie hier eine Kurzzusammenfassung, Vorteile im Überblick oder wichtige Referenzen platzieren. Auch Bestell-Aufforderung und Produktabbildung lassen sich hier wirkungsvoll in Szene setzen.

Wird ein gefalteter Prospekt von vorn aufgeblättert, liegt die erste Fixation auf den Innenseiten rechts oben, das Auge springt dann jedoch sehr schnell nach links, folgt also dem Öffnen und fixiert die stärksten Bilder und Headlines mit der Zielrichtung rechts unten. Hier ist der „Ausstieg" aus den Innenseiten. Setzen Sie deshalb die stärkeren Bilder nach links, um die Augen des Betrachters länger im Prospekt zu halten.

■ 6. Kurzzusammenfassung

Präsentieren Sie Ihrem Leser nochmals alle Produktvorteile „auf einen Blick". Möglichst in Nähe der Bestellaufforderung. Günstig für Zusammenfassungen ist die Rückseite bzw. die Nähe einer Produktabbildung.

■ 7. Textanordnung

Überladen Sie Ihren Prospekt nicht mit zuviel Text. Allein der Eindruck „Das soll ich alles lesen!" erzeugt Ablehnung. Achten Sie auf großzügige und klare Textanordnung, die zum Lesen einlädt.

■ 8. Garantien

Der beste Platz für Garantien ist in der Nähe der Bestellaufforderung. Wie im persönlichen Verkaufsgespräch ist es jetzt wichtig, dem potenziellen Kunden Sicherheit zu geben. So untermauert beispielsweise der Firmenchef die Qualität des angebotenen Produkts durch eine „Vertrauensgarantie", manchmal sogar durch eine „Geld-zurück-Garantie".

So starten Sie Ihre Text-Konzeption

Ist das Interesse des Lesers geweckt, beginnt das „Verkaufsgespräch". Ihr Leser will Details. Jetzt werden Textblöcke gelesen, Vorteile und Referenzen geprüft. Hält Ihr Text, was die Bilder versprachen?

Gliedern Sie die komplexen Informationen in leicht verständliche Sinn-Einheiten, und platzieren Sie diese an der richtigen Stelle – eine der schwierigsten Aufgaben bei der Entwicklung von Prospekten.

Das ist die Arbeit des Textes: Einem Leser nach und nach zu zeigen und zu beweisen, wie ein Produkt sein Leben oder seine zu lösende Aufgabe einfacher, schneller, besser, schöner macht.

Übrigens: Auch der Gang zum Friseur, die Entscheidung für ein Ladengeschäft, die Wahl dieses Handwerkers und nicht eines anderen sind „Aufgaben" in unserem Sinn. Die muss unser Leser lösen. Und er wird das tun, was ihm am meisten Vorteile bietet. Dieser Friseur ist einfacher zu erreichen als der andere, bietet beste Preise. Dieses Ladengeschäft hat Parkplätze und jenes nicht, dieser Handwerker zeigt deutlich, dass er innerhalb weniger Stunden erreichbar ist, und und und ...

Doch welches Argument kommt nun an welche Stelle? Vor Ihnen liegt ein Blatt Papier mit Vorder- und Rückseite. Was steht wo und warum? Diese Struktur nennt man in der Werbesprache „Text-Konzeption". Man legt fest, welches Argument oder Thema an welcher Stelle erscheint, und versucht, durch eine Skizze den Weg des Empfängers vorauszudenken. Ihr Text bekommt nun also ein Gerüst.

Und weil dies nicht einfach ist, finden Sie hier Vorschläge für den Aufbau dieses Text-Gerüsts in einem Wickelfalz. Die Vorschläge basieren auf den heute vorliegenden Erkenntnissen, wie Menschen eine Seite betrachten, und berücksichtigen Standard-Techniken des Direktmarketing. Wohlgemerkt, es sind nur Vorschläge. So, wie es viele Arten von Pralinenschachteln gibt: Hier sind mögliche Formen, um Ihre süßen Stücke anzuordnen.

Welcher Text steht wo im Wickelfalz?

In der Abbildung „Falzarten" auf Seite 133 haben Sie den Wickelfalz bereits kennen gelernt. Zu Grunde liegt eine beidseitig bedruckte Seite DIN A4. Stellen Sie sich vor, Sie entfalten diesen Prospekt. Jetzt ergeben sich drei Außenseiten und drei Innenseiten im Lang-DIN-Format.

Die folgende Skizze zeigt den aufgeklappten Prospekt und demonstriert, wo Sie Ihre Texte platzieren ...

■ Die Texte der „Außenseite"

Haben Sie Ihren DIN A4-Wickelfalz geöffnet, lässt sich eine einfache Leitlinie für Ihre Textkonzeption sofort erkennen. Die „Außenseite" muss stark aktivieren, leserbezogene Vorteile auflisten, sie zeigt Nutzen in Stichpunkten und verstärkt die Motivation eines potenziellen Käufers durch Testimonials, den schnellen Überblick usw., während die Innenseite Details vermittelt.

Zur Außenseite gehören Titel, Rückseite und die nach innen einzuklappende Seite (im Folgenden „Klappseite").

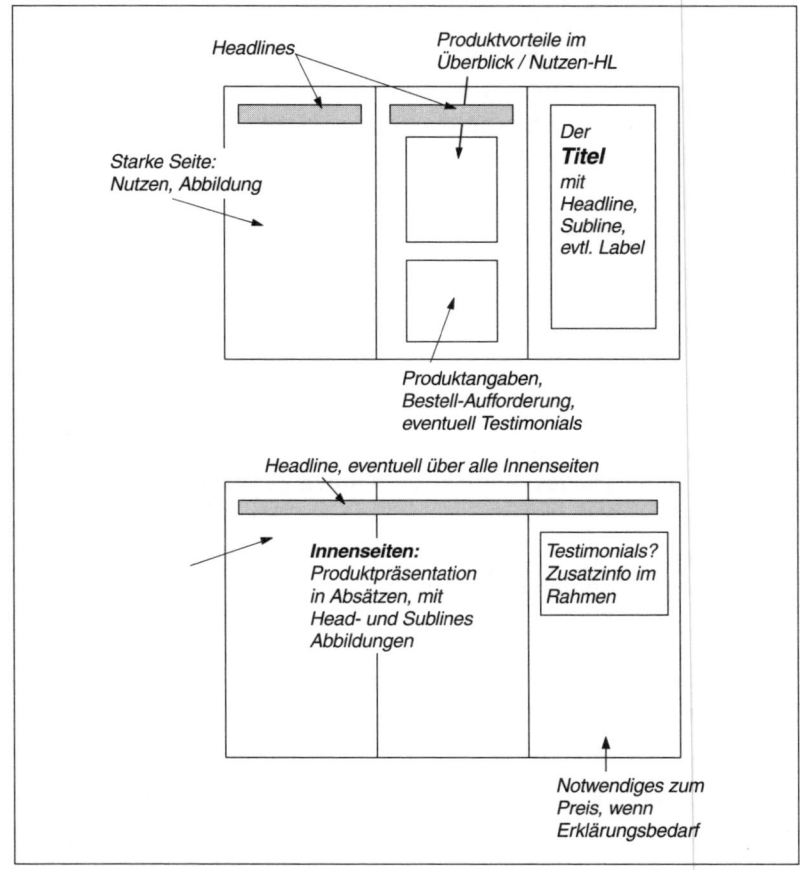

Textkonzeption „Wickelfalz"

Außenseite:
Wie viele Vorteile passen auf den Titel?

Ein Muss: Der wichtigste Vorteil für den Leser. Doch der Titel bietet noch mehr Möglichkeiten, einem Leser Vorteile zu zeigen. Im folgenden Beispiel werden vier Möglichkeiten genutzt.

Mit der so genannten Overhead wird die Headline eingeleitet. Die Headline formuliert den Hauptnutzen für den Leser. Die

Subline konkretisiert, verstärkt, ergänzt. Durch das „Label"
oder „Einklinker" kann noch eine weitere Aussage auf dem Titel
platziert werden. Hier ist es eine Aufforderung zur Handlung,
doch könnte hier auch einfach stehen „Neu"/„Gleich bestellen"/
„Jetzt auch im Leder-Einband" oder Ähnliches.

Textbeispiel:

Overhead:
Das Trendthema im Management jetzt auch in Deutschland:

Headline:
Erlernen Sie an nur einem Tag, Kreativitäts-Techniken erfolgreich
einzusetzen

Subline:
Ein unvergessliches Seminar zeigt Ihnen 22 Wege zu neuen Ideen
...

Label:
Reservieren Sie Ihren Platz noch heute!

Außenseite:
Der Text der Rückseite

Die Rückseite Ihres Wickelfalz ist ein guter Platz für die Zusammenfassung der wichtigsten Vorteile in Stichpunkten, die
Bestell-Aufforderung mit Produkt-Abbildung oder ein Testimonial. Wenn Empfehlungsschreiben oder Gutachten zu Ihren Produkten vorliegen, gehören Sie in den Prospekt. Dadurch wird
eine „Vielleicht-Kaufentscheidung" des Lesers durch die Mei-
nungen Dritter verstärkt.

Die Bestell-Aufforderung darf keinesfalls fehlen! Denn Sie müssen Ihren Leser zur Reaktion auffordern. Hier sollte nochmals
der Hauptvorteil Ihres Angebots herausgehoben und erwähnt
werden, wie einfach und problemlos dieses Produkt zu erwerben
ist. Weisen Sie auch auf die Antwortkarte oder Ihr Antwortfax
hin, erwähnen Sie bei Produkt-Paketen den tatsächlichen Um-

fang einer Lieferung, und zeigen Sie Ihrem Kunden sein neues Produkt erneut im Bild.

Textbeispiel:

> **Überzeugen Sie sich selbst ...**
>
> und bestellen Sie noch heute Ihr neues Texthandbuch. Einfach die vorbereitete Abrufkarte ausfüllen, absenden oder faxen, und schon in wenigen Tagen arbeitet dieser unentbehrliche Ghostwriter auch für Sie.
>
> *(Bild, vollständige Produktangaben, Preis)*

Außenseite:
Wie Sie die „Klappseite" nutzen ...

Öffnet ein Leser den Wickelfalz, liegen die erste Innenseite und die Klappseite vor ihm. Wahrscheinlich fällt sein Blick zuerst auf die Klappseite, da sich die erste Innenseite erst durch das Blättern öffnet.

Bieten Sie hier noch einmal schnell auswertbare Informationen: Ein Bild mit Label, Vorteile in Stichpunkten, kurze Textblöcke. Motivieren Sie ihn noch einmal, sich mit den Details der Innenseiten zu beschäftigen.

■ So texten Sie auf den Innenseiten

Der Aufhänger

Mit dem ersten Absatz der Innenseiten nehmen Sie den Leser an die Hand und führen ihn „in den Text". Motiviert haben Sie ihn schon. Durch eine Headline, die wichtige Vorteile der Innenseiten für ihn zusammenfasst, und durch die Subline des einführenden Textes.

Übrigens finden Sie heute immer mehr Prospekte, die den ersten, einführenden Absatz der Innenseiten fett drucken. Dadurch

wird ein deutliches Signal für den Leser gegeben, an dieser Stelle
zu beginnen.

Ein Textbeispiel:

Subline:

**Mit Ihrem neuen Praxishandbuch texten Sie jeden Brief
schnell und sicher ...**

Das treffende Wort im Prospekt entscheidet über Ihren Verkaufs-
erfolg. Denn nun geht es darum, den Leser an die Hand zu nehmen und zu einer Bestellung zu führen. Nicht immer gelingt das.
Mit dem neuen Praxishandbuch „Texten ist mehr als Schreiben"
finden Sie jetzt spielend leicht die richtigen Worte. Und sparen
wertvolle Zeit bei der Text-Entwicklung. Die Details und Ihre
Schritte zu packenden Texten zeigt dieser Prospekt. Einfach
hineinlesen ...

Was die Innenseiten sonst noch können ...

Die Innenseiten bieten Details. Hier ist Platz für Abbildungen,
hier präsentieren Sie „Vorteil für Vorteil" und liefern dem Leser
Zusatzinformationen. Zum Beispiel eine Garantie des Ge-
schäftsführers, ein längeres Testimonial, einen Anwendungs-
oder Testbericht Ihres Produkts. Der beste Platz für solche Zusatzinformationen ist die obere Hälfte der Innenseite 3, am Ende
des Lesevorgangs.

Seite 3 nutzen Sie auch, falls bestimmte Merkmale Ihres Angebots einer Erklärung bedürfen. Zum Beispiel der Preis. Am
Ende der Innenseite 3 zerstreut man eventuelle letzte Bedenken
der Leser, indem man sie aufgreift (Preis, Material, zu innovativ
etc.). Wenn Ihr Leser bis hierher gekommen ist, beschäftigt er
sich bereits sehr intensiv mit den Vorteilen Ihres Produkts. Formulieren Sie positiv – und finden Sie einen positiven Abschluss-
Satz.

Das Textbeispiel auf Seite 141 geht von folgender Situation aus:
Im Markt gibt es ähnliche Produkte zu niedrigerem Preis. Das

weiß natürlich auch der Leser. Deshalb wird das Thema „Preis" aufgegriffen und erklärt. Bei besonders günstigem Preis-Leistungs-Verhältnis würde man den Preisvorteil bereits auf den Außenseiten zeigen.

Textbeispiel:

> **Genießen Sie beste Qualität zu einem fairen Preis ...**
>
> Dass nicht alles Gute teuer sein muss, zeigen Ihnen die vielen Zusatz-Leistungen Ihres neuen Sessels „Hrrdlbrrmpft". Selbstverständlich sitzen Sie auf erstklassigen Materialien, die wir 5 Jahre lang im „Fall der Fälle" kostenlos ersetzen. Und selbstverständlich bieten wir Ihnen Service rund um die Uhr. All das zu einem Preis von nur 250 €. Entscheiden Sie sich einfach für beste Qualität.

Machen Sie den Praxistest!

Zuerst einmal wünsche ich Ihnen jetzt erfolgreiches Texten mit diesem Werkzeugkasten für Ihren Wickelfalz. Deshalb noch ein Praxistipp zum Schluss:

* Nehmen Sie doch ein leeres DIN A4-Blatt, und skizzieren Sie hier schon einmal Ihren Prospekt.

* Tragen Sie Headlines und Sublines ein, deuten Sie mit schnellen Strichen die Platzierung Ihrer Bildideen an.

* Für die Textblöcke zeichnen Sie Kästen oder Striche und tragen das Thema des Textblocks ein.

So entsteht eine erste Skizze oder ein „Scribble" im Werbedeutsch, die Ihnen gefalzt den Aufbau Ihres Prospekts noch vor dem Texten deutlich macht.

Kapitel 11: Das Response-Element: Antworten leicht gemacht ...

> *Wie Sie mehr Direktmarketing-Reaktionen bekommen und welches Response-Element sich für Ihre Zwecke am besten eignet*

Gerade das Reaktions-Element ist der eigentliche „Star" jeder Direktmarketing-Aktion: Hier ist der Ort der Kaufhandlung, hier werden Termine vereinbart oder die Erlaubnis erteilt, telefonisch nachzufassen. Und: Hier schlägt die Stunde der Wahrheit! Haben Sie es geschafft, durch alle anderen Elemente Ihrer Werbung das Interesse des potenziellen Kunden an einer Bestellung zu wecken?

Doch nicht immer fällt die Entscheidung leicht. Welches Reaktions-Element eignet sich am besten für welchen Zweck? Gibt es Möglichkeiten, den Response einer Aktion zu verstärken? Welche Reaktions-Elemente haben sich bewährt, kommen am besten an? Deshalb zeigt Ihnen das folgende Kapitel, wie Sie Ihren Lesern die Reaktion erleichtern, welche Voraussetzungen Ihr Reaktions-Element erfüllen muss und wie Sie Response-Elemente richtig texten.

Warum Sie schnelle Response-Elemente brauchen

Betrachtet man das Response-Verhalten unterschiedlicher Zielgruppen einmal quer durch alle Branchen, lässt sich in den letzten Jahren ein eindeutiger Trend hin zum schnellen Response-Medium feststellen. Kunden reagieren spontaner denn je und wollen – ist die Kaufentscheidung einmal gefallen – schnellstmöglich beliefert werden.

Der Grund ist klar: Schnelle Medien in einer schnellen Zeit mit ungeduldigen Verbrauchern verlangen schnelle Reaktions-Mittel. Wir praktizieren E-Commerce, reden über das Informationszeitalter und über schnelle Kommunikation. Da muss es selbstverständlich sein, dass im Unternehmen Strukturen aufgebaut werden, die diese schnelle Kommunikation gewährleisten. Und natürlich muss dieses Kommunikationsangebot auch allen Kunden und Interessenten zur Verfügung stehen. Hand auf's Herz: Wie schnell ist Ihre Kommunikation?

Trotzdem behalten neben Fax, Telefon oder der Internet-Bestellung auch die herkömmlichen Response-Elemente wie Antwortkarte oder Antwortschein ihren Wert. Denn alle Response-Elemente geben bereits durch ihr bloßes Vorhandensein ein Signal, einen Hinweis auf die eingeforderte Reaktion. Nur: Es kann heute eben passieren, dass eine Antwortkarte kopiert wird und per Fax Ihr Unternehmen erreicht, oder eine Bestellung aus Ihrer Mailing-Aktion per Telefon oder E-Mail ankommt. Das bedeutet, Ihre Kunden erkennen das Signal – nur den Kommunikationsweg bestimmen sie in zunehmendem Maße selbst.

Für die Konzeption Ihres Antwort-Elements heißt dies mehr denn je: Sie müssen diesem Trend zur schnellen Reaktion Rechnung tragen, schnelle Bestellwege anbieten und zur Bewertung einer Aktion die Reaktionen aller Bestellwege betrachten.

Allerdings gilt auch weiterhin: Egal, welchen Response-Weg Ihr Kunde wählt, Sie erhöhen (oder schmälern) die Response-Chancen Ihrer Aktion durch den Aufbau und die Konzeption Ihrer Response-Elemente. Wenn Sie Ihren potenziellen Kunden nicht zur Reaktion einladen, bleiben trotz aller Reaktions-Möglichkeiten die Bestelleingänge niedrig.

> **Wichtig:** Das Response-Element ist in vielen Fällen der Kaufvertrag zwischen Kunde und Unternehmen. Deshalb ist es ganz besonders wichtig, alle Konditionen verständlich, klar und rechtlich einwandfrei darzustellen. Hier ist die nicht immer einfache Zusammenarbeit zwischen Texter und Jurist gefragt.

Die Grundlagen am Beispiel Mailing

Grundsätzlich unterscheidet man im Mailing heute drei Formen von Reaktions-Elementen:

1. die Antwortkarte,

2. das Antwort-Fax,

3. den Antwortschein mit Rückantwort-Kuvert. Diese Version setzt man bei sensiblen Daten (Finanzdienstleister), sensiblen Produkten (Intimversand) oder vielen Bestellmöglichkeiten ein (Katalog im Versandhandel).

Zusätzlich anbieten sollten Sie:

4. die Möglichkeit, telefonisch zu reagieren,

5. eine E-Mail Adresse.

Übrigens: Und auch wenn kein ausdrücklich für die Fax-Reaktion gestalteter Antwortschein beiliegt, findet man immer öfter die Aufforderung, das beiliegende Response-Element einfach an das werbende Unternehmen zu faxen. Das bedeutet für den Gestalter: Alle wesentlichen Daten befinden sich auf einer Seite der Antwortkarte. Und man muss klar trennen:

➤ Seite 1 präsentiert das Produkt,

➤ Seite 2 enthält alle Bestelldaten.

144

Insgesamt steht ein Reaktions-Element immer für die Abschlussphase im schriftlichen Verkaufs- oder Beratungsgespräch. Hier ist der Augenblick der letzten Entscheidung vor der Bestellung. Bei dieser Entscheidung lässt ein gut gestaltetes Reaktions-Element den potenziellen Kunden nicht allein. Deshalb kommentiert der folgende Teil die wichtigsten Bestandteile Ihres Response-Elements.

☛ **Wichtig:** Machen Sie einem Leser die Reaktion so einfach wie möglich! Wenn der potenzielle Kunde ankreuzt, unterschreibt und seine Antwort zum Briefkasten bringt oder per Fax versendet, ist das Ziel unseres Mailings erreicht. Dabei gilt: Verlangen Sie von Ihrem künftigen Kunden keine zu großen Anstrengungen. Komplizierte Texte und eine unübersichtliche Gestaltung wirken irritierend, schnelles Zurechtfinden auf dem Reaktionsmittel ist dagegen ein kleines Erfolgserlebnis.

Die wichtigsten Bestandteile Ihres Response-Elements

1. Titel
2. Unterschrift
3. Antwort
4. Frankierung
5. Bestelltext
6. Empfänger-Adresse
7. Absenderfeld
8. „Faxbarkeit"
9. Telefon-Response

■ 1. Der Titel

Geben Sie Ihrem Response-Element eine Namen. So weiß der Leser genau, worum es geht, und Sie haben eine zusätzliche Möglichkeit, den Vorteil einer Reaktion herauszustellen. Nutzen Sie deshalb Formulierungen wie „Info-Scheck", „Vorteils-Abruf", „Geschenk-Gutschein" usw. Auf der folgende Liste finden Sie mit Sicherheit den richtigen Titel für Ihr Response-Element:

Der Titel-Generator		
Die Arbeit mit dem „Generator" ist ganz einfach: Kombinieren Sie einfach die Begriffe der Spalten 1 oder 2 mit Spalte 3. Überprüfen Sie: Passen die Begriffe zusammen? Und fertig ist Ihr Titel.		
Spalte 1	Spalte 2	+ Spalte 3
Abenteuer-	Karriere-	-Abonnement
Abonnement-	Kostenloser	-Antwort
Abruf-	Kunden-	-Abruf
Antwort-	Leser-	-Anforderung
Bestell-	Nachlass-	-Ausweis
Chancen-	Power-	-Berechtigung
Dankeschön-	Prämien-	-Bon
Eilbestell-	Preisvorteils-	-Coupon
Einkaufs-	Probe-	-Einladung
Einladungs-	Prüfungs-	-Fahrkarte
Eintritts-	Reservierungs-	-Gutschein
Erlebnis-	Schnell-	-Karte
Eröffnungs-	Service-	-Nummer
Ersparnis-	Shopping-	-Papier
Exklusiv-	Sonder-	-Pass
EXTRA-	Spar-	-Scheck
Freizeit-	Subskriptions-	-Schein
Freundschafts-	SUPER-	-Ticket
Garantie-	Teilnahme-	-Zertifikat
Geburtstags-	Test-	
Geschenk-	Vorteils-	
Glücks-	Vorzugs-	
GRATIS-	Weihnachts-	
Informations-	Wert-	
Interessenten-	Wunsch-	

■ 2. Die Unterschrift

Bei einem Kauf per Post ist sie nötig. Bei einigen Geschäften fordert der Gesetzgeber in Deutschland sogar zwei Unterschriften. Zum Beispiel im Abo-Geschäft. Hier bestätigt der Besteller noch einmal per Unterschrift, dass er sein Widerrufsrecht zur Kenntnis genommen hat.

Geht es allerdings nur um das Anfordern kostenloser Informationen, sollten Sie darauf verzichten, eine Unterschrift einzufordern. Denn auch dem Leser ist klar: Unterschriften verpflichten.

■ 3. Karte: Das Wörtchen „Antwort" oder „Werbeantwort"

sollten Sie auf der Antwortkarte oder dem Rückkuvert niemals vergessen, denn es spart bares Geld. Immer mehr Reagierer senden Response-Elemente heute unfrankiert zurück. Mit „Antwort" im Postanschriftenfeld zahlen Sie zum normalen Porto nur eine geringe Rückantwortgebühr. Fehlt dieses „Zauberwort", wird zur normalen Gebühr ein „Strafporto" fällig.

■ 4. Karte: Die Frankierung

Ein Porto-Hinweis ist nicht nur eine kleine Ausfüllhilfe für Ihren Leser. Per Formulierung nehmen Sie auch Einfluss auf die Reaktion:

➤ Steht im Markenfeld der Antwortkarte „Gebühr bezahlt Empfänger" oder „Das Porto übernimmt XY für Sie", erhalten Sie in der Regel mehr Reaktionen als bei einer Aufschrift, die zur Freimachung auffordert. Sie signalisieren einem Leser: Ihr Unternehmen erbringt eine Vorleistung.

➤ Bei Formulierungen mit „...., falls Marke zur Hand" auf der Antwortkarte frankieren noch immer etwa 50 Prozent der Reagierer. So stark ist unser Pflichtbewusstsein, nichts Unfrankiertes „auf die Reise" zu schicken.

➤ Mit Briefmarken vorfrankierte Antwortkarten bzw. Rück-kuverts sind selten, aber starke Handlungsauslöser. Hier dokumentieren Sie Ihre Vorleistung durch die aufgeklebte Briefmarke. Natürlich ist dies die teuerste Frankierung, denn auch alle Nichtreagierer werden mit einer Briefmarke bedacht.

Ganz allgemein gilt: Falls Ihr Unternehmen das Porto über-nimmt, erhalten Sie mehr, aber eventuell weniger qualifizierte Reagierer als bei geforderter Frankierung. Besonders bei kos-tenlosem, aber wertvollem Informations-Material, das Sie für Anforderer bereithalten, empfiehlt es sich, einen Kunden zu die-ser kleinen Vorleistung zu verpflichten. Denn dabei scheiden sich oft Broschüren-Sammler von echten Interessenten.

■ 5. Der Bestelltext

Geben Sie eindeutige Antwortmöglichkeiten wie Ankreuzfeld oder Unterschrift mit präzisen Bestelltexten vor. Dabei hat sich neben „Ja, ich bestelle" (positiver Einstieg durch „ja") in den letzten Jahren eine weitere Antwortmöglichkeit bei kalten Adressen und schlechten Reagierern bestens bewährt: Das Wörtchen „Nein":

Nein, noch nicht ...

Nein, nicht Jahres-, sondern Probeabonnement ...

Wer auf dem Reaktions-Element „nein" sagt, redet noch mit Ih-nen, hat vielleicht nur im Moment keinen konkreten Bedarf. Trotzdem investiert der „Nein-Sager" Zeit, unter Umständen so-gar eine Briefmarke, in diese Reaktion. Für Sie ein Signal, den Dialog trotz negativer Antwort weiterzuführen.

■ 6. Die Empfänger-Adresse

Hier steht üblicherweise Ihr Unternehmen. Durch Nennung eines Ansprechpartners, der in der Regel auch den Mailing-Brief unterschreibt, wird Ihr Reaktions-Element ein Stück persönlicher. Also:

> Geld & Gut GmbH
> Herrn Werner Pfennig
> Zehntstraße 111
>
> D-86150 Augsburg

■ 7. Das Absenderfeld der Antwortkarte

Auch für Antwortschein und Antwortfax gilt: Je weniger Aufwand Sie von Ihren Lesern verlangen, desto besser. Wenn Sie also Name und Anschrift bereits auf Ihrem Antwortschein anbringen können, tun Sie das. Wann immer möglich, erledigen Sie Schreibarbeiten für Ihren künftigen Kunden. Denn nicht wenige Reaktionen scheitern an der Unlust des Lesers, Zeit raubende Bestellformulare zu beschriften.

■ 8. Faxbarkeit: Die faxbare Antwortkarte

Der Klassiker unter den Antwortkarten ist die Lang-DIN-Karte mit Abriss. Auch wenn sich diese Form heute längst überlebt hat. Denn früher ließen die Postvorschriften lediglich Rücksendungen im DIN A6-Format zu. Heute sind Ihrer Antwortkarte jedoch kaum noch postalische Grenzen gesetzt. Und es gibt den **Trend zur schnellen Reaktion.** Menschen bestellen schnell per Fax oder Telefon. Deshalb finden sich heute in Mailings immer mehr Antwortkarten, die gleichzeitig faxbar sind. Wichtig: Achten Sie hier auf die Papierstärke. Sie muss durch ein Faxgerät noch eingezogen werden können.

In der folgenden Skizze sehen Sie ein solches Antwort-Element. Die faxbare Antwortkarte reserviert eine ganze Seite, die Bildseite, für Ihr Verkaufsgespräch. Hier zeigen Sie das Wunschprodukt noch einmal im Bild, fassen Sie wichtige Vorteile zusammen, aktivieren Sie den Leser noch einmal durch Headline und Textblöcke.

| Titel: Einfach gleich bestellen ... |
| Ja |
| Nein |
| Antwort |
| Name   Vorname |
| Straße |
| Postleitzahl   Wohnort |
| Herrn Gerd Meyer |
| X |
| 09 99 / 99 99 99 |

Die faxbare Antwortkarte

■ 9. Telefon-Response

Nutzen Sie Ihre Telefon-Nummer, um noch mehr Response zu erzeugen. Die Entscheidung, Ihr Produkt zu bestellen, fällt oft spontan. Deshalb sollten Sie es allen Zielpersonen möglich machen, sofort und spontan zu reagieren. Am besten geht das durch Ihre Telefonnummer. Heben Sie also im Prospekt und auf allen sonstigen Reaktions-Elementen Ihre Telefonnummer nochmals

150

deutlich heraus. Oft finden sich hier nahe der Bestell-Aufforderung Formulierungen wie:

▌ **Für eilige Besteller**

oder

▌ **Für Ihre Schnell-Anforderung**

oder

▌ **Am schnellsten geht's per Telefon**
▌ Einfach anrufen unter ...

Fragen vor dem Kauf ...

Besonders in der Konzeptionsphase sollten Sie sich intensiv mit
den Wünschen und Fragen Ihrer Zielpersonen beschäftigen. Dabei sind drei Bereiche ganz besonders wichtig:

**1. Welche Sicherheiten können Sie einem Leser geben, um zur
Bestellung anzuregen?**

Der Moment der Bestellung ist stets auch der Moment der letzten Zweifel – an Ihrer Firma und an Ihrem Produkt. Deshalb formulieren Sie Sicherheiten und Garantien, bilden Ihr Produkt
nochmals ab oder heben einen Sonderpreis nochmals grafisch
hervor.

▌ Das neue Praxishandbuch wurde von den besten Experten Ihres
▌ Fachs für Sie zusammengestellt. Alle Informationen sind sorgfäl-
▌ tig recherchiert und wurden auf Unternehmen Ihrer Branche zu-
▌ geschnitten. Das garantiere ich Ihnen und wünsche Ihnen viele
▌ neuen Ideen beim Blättern durch die einzelnen Kapitel.

▌ Ihr Max Muster
▌ Geschäftsleitung

Äußerst wirkungsvoll: Testimonials auf dem Reaktions-Element. „Neutrale Dritte" verstärken jetzt in der Abschlussphase Ihre Verkaufsargumente. Ihr Leser findet jetzt einige Namen von Unternehmen, die mit Ihren Produkten arbeiten, Referenzen zufriedener Kunden oder die Höhepunkte eines Presseberichts zu Ihrem Angebot. Letzteres selbstverständlich mit der vollständigen Quellenangabe. Denn die unterstützt nochmal Ihre Reputation.

2. Welche Fragen könnte Ihr Kunde zum Bestellvorgang haben?

Nicht für alle Empfänger Ihres Mailings ist die Bestellung per Post selbstverständlich. Wer daran gewöhnt ist, Bankgeschäfte stets direkt in der Filiale zu tätigen oder im benachbarten Warenhaus einzukaufen, will wissen, welche Vorteile die direkte Bestellung bietet.

Deshalb weist Ihr Reaktions-Element unter Umständen Ankreuzfelder für die gewünschte Zahlungsweise auf, enthält Lieferbedingungen und Rückgabe-Modalitäten: Dem Noch-Nicht-Besteller bieten Sie so ein kleines Stückchen zusätzliche Sicherheit.

3. Wie können Sie das Ausfüllen des Reaktions-Elements erleichtern?

Ob Antwortkarte, Fax oder Antwortschein: Nichts bremst eine Bestellung so sehr wie ein unübersichtliches Reaktions-Element. Zeigen Sie deshalb durch Hinweise, Ankreuzfelder und Farben klipp und klar, was ein Leser zu tun hat, wenn er bestellen will.

Wie für alle anderen Mailing-Teile gilt auch für das Reaktions-Element: Alle möglichen Unsicherheiten beantworten und beseitigen Sie durch Gestaltung und Text.

Wichtig: Führungsfloskeln

Sie sind das Geländer auf dem Weg zur Reaktion. Sie bieten Sicherheit und stehen für all die kleinen Bemerkungen, die einen persönlichen Kauf in der Abschlussphase begleiten.

Einige Beispiele:

Bitte wenden!

Bitte hier unterscheiben!

Einfach per Post zurücksenden. Noch schneller geht's per Fax an 0999/99 99 99.

Für ganz Eilige: Einfach gleich anrufen unter 09 99/99 99 910!

Bitte tragen Sie hier Ihre Anschrift ein ...

Das Porto übernimmt XY für Sie.

Checkliste Reaktions-Elemente

Für alle Reaktions-Elemente gilt:

➤ Machen Sie Ihrem Leser die Reaktion so einfach wie möglich und führen Sie ihn.

➤ Achten Sie auf klaren und eindeutigen Bestelltext mit Zahlungsmodalitäten, Preis, Umtausch- und Rückgaberecht.

➤ Erwähnen Sie auf dem Reaktionsmittel nochmals die Hauptvorteile Ihres Produkts, und geben Sie Sicherheiten bei einer Bestellung.

➤ Je einfacher das Ausfüllen Ihres Response-Elements ist, desto mehr Reaktionen sind zu erwarten. Weniger, aber qualifiziertere Antworten erhalten Sie durch Filter wie: Freimachung vorschreiben, Unterschrift, Abfrage von Daten.

➤ Prüfen Sie bei der Gestaltung neben den werblichen Gesichtspunkten unbedingt auch alle rechtlichen Vorgaben (eventuell Kaufvertrag!) und die postalischen Bestimmungen.

Kapitel 12: Texte für Internet und Co ...

> *Warum das Internet Profi-Texte braucht, wenn Sie dort etwas verkaufen wollen ... mit Ausflügen in die Internet-Historie, einem praktischen Modell, das Ihnen hilft, auch im World Wide Web mehr zu verkaufen, und einem ausführlichen Praxisteil, der Ihnen hilft, das Gelesene gleich umzusetzen*

Ist nun wirklich alles anders?

Ab 1993 stand das Internet allen offen. Mit dem ersten Browser begann der Siegeszug des World Wide Web. Nun gab es plötzlich einen einfachen Zugang zu einem bis dato zwar existierenden, doch einer breiten Öffentlichkeit kaum zugänglichen Informationsnetz. Und so wurde das World Wide Web zunächst auch begriffen: als reines Informationsmedium. Die Kommerzialisierung des Web, in den Anfangszeiten für „eingefleischte Nutzer" kaum denkbar, schritt jedoch schnell voran.

So entstand zunächst eine reine „Spielwiese". Ein weltweit erreichbares Experimentierfeld, dessen technische Möglichkeiten sich im Dreimonats-Rhythmus erneuerten. Immer mehr Bild, immer mehr Effekte, viel Technik und meistens langweilige Informationstexte in kaum zu bewältigenden Mengen beherrschten die Szene. Headlines und führende Texte entstanden eher beiläufig. Mal textete der Programmierer, mal der Designer, oder man übernahm einfach gleich eine gedruckte Vorlage. Auch wenn Firmen begannen, Internet-Präsenz zu zeigen, war das World Wide Web in den Köpfen der Unternehmer noch lange kein Marketing-Instrument.

Mit den ersten Internet-Shops änderte sich alles. Oder besser gesagt: hätte sich alles ändern sollen. Noch schien in grenzenloser Euphorie alles machbar. Nicht selten meinten neue E-Commerce-Unternehmer, mit dem Aufbau des ersten lieblosen Shops im Netz wären die Produkte so gut wie verkauft. Weltweite Erreichbarkeit! Gigantische Kundenpotenziale! Darunter Internet-Auftritte, die so wirkten, als gäbe es keine Regeln des Marketing und der Kommunikation.

Nach dem Zusammenbruch der „New Economy" zur Jahrtausendwende ist die Euphorie verflogen. Qualität zählt! Services zählen! Und Nutzen für potenzielle Kunden! Heute ist klar: Wer im elektronischen Verkauf die Nase vorn haben will, muss nicht nur die neuen, technischen Möglichkeiten nutzen, sondern auch eine alte Direktmarketing-Regel beherzigen: Verkaufen heißt Verkaufsgespräche führen! Dies gilt in alten und neuen Medien. Denn in vielen Internet-Shops sind die Möglichkeiten des Textes noch nicht einmal entdeckt.

Text spielt eine zentrale Rolle ...

Erste Tipps, wie Sie eine Binsenweisheit umsetzen; warum Suchmaschinen für Sie so wichtig sind und eine kurze Übung, in der es gilt, die richtigen Worte zu finden

Eigentlich eine Binsenweisheit: Wer viel schreibt, verkauft viel. Wer wenig schreibt, verkauft wenig. Wer eine wie immer geartete Reaktion auslösen will, muss zu dieser Reaktion hinführen. Verständlich, klar und in einer Sprache, welche die Zielgruppe versteht. Denn Electronic Commerce oder E-Commerce ist Direktmarketing. Und unterliegt den Gesetzmäßigkeiten der Kommunikation. Trotzdem wiederholt sich eine bekannte Diskussion: Welche Rolle spielt das Design, welche Rolle spielt der Text? Und noch immer stehen dabei Technik und Design im Vordergrund. Ein Irrtum!

So wies bereits sehr früh eine Pilotstudie der Universität Münster und der GAD München u.a. über Augenkamera-Tests nach, dass mehr als 50 Prozent der aufgewendeten Zeit bei der Betrachtung von Internet-Seiten auf die Headlines und den Text verwendet wird. Text dominiert also! Weit vor bunten Bildern oder Animationen (vgl. dazu *Direktmarketing* 7/99).

Noch stärker gilt dies für den Einstieg der Anwender in einen Internet-Auftritt. Bei den ersten fünf Seitenaufrufen entfällt etwa ein Drittel der Betrachtungszeit allein auf die Headline. Weiter interessant: 29 Prozent der Betrachtungszeit dient lediglich der Orientierung und Navigation. Welche Chance für das Führen zur Reaktion! Wenn sie denn einer nutzen würde ...

Noch konkreter wird eine Studie der Deutschen Post AG aus dem April 2001: *Filter und Verstärker im Online-Dialog* zeigt konkrete Schwächen vieler Shops und stellt deutlichen Optimierungsbedarf fest, unter anderem in folgenden Bereichen:

➤ Übersichtlichkeit der Internet-Seiten
➤ klare Herausstellung von Angebotsvorteilen (Nutzenorientierung)
➤ Nutzung der Dialogmöglichkeiten des Internet
➤ spezifische Zielgruppenansprache
➤ einfach erfassbares Site-Layout und entsprechender Text
➤ bedienungsfreundliche Nutzerführung
➤ die einleuchtende Gestaltung von Bestellwegen

Doch bevor jemand kauft, muss er Sie finden. Der einfachste Weg, Wegweiser zu Ihrem Internet-Geschäft aufzustellen, ist nun die Platzierung Ihres Shops in Suchmaschinen. Und damit begeben wir uns lange vor dem „Besuch" auf die Spielwiese des Werbetexters.

Platzierung in Suchmaschinen oder „Am Anfang ist das Wort ..."

Verkaufsgespräche im Internet fangen lange vor dem Aufruf eines bestimmten Shops an. Sie beginnen nämlich schon, wenn ein potenzieller Käufer zu suchen beginnt. Ein Produkt, ein Thema, eine Dienstleistung. Mit welchen Begriffen wird er die Suchmaschinen „füttern"? Die Frage ist also: Wie kann Ihr Shop gefunden werden? Wie wird er bekannt gemacht? Zunächst durch Eintragung von Schlüsselbegriffen in Suchmaschinen. Eine Standardprozedur, bei der nichts anderes zu tun ist, als die richtigen Begriffe für Ihren Shop zu definieren.

Auch in der aktiven Vermarktung Ihres Internet-Geschäfts geht es von Anfang an um das richtige Wort: „Keyword advertising" nennt man die Buchung bestimmter Schlüsselbegriffe in zielgruppenspezifischen oder besonders hoch frequentierten Suchmaschinen. Und diese „Keywords" müssen treffen. Denn nur wer Sie findet, kann auch bei Ihnen kaufen.

Ebenso viel Aufmerksamkeit verdient die Plazierung der richtigen Schlüsselbegriffe auf Ihrer Homepage. Viele Suchmaschinen schicken ihre „Robots" durch das Netz. Und diese digitalen Kartographen suchen nicht nach bunten Bildern oder schönem Design. Robots suchen nach Wörtern. Und diese Wörter bestimmen, wie Ihr Internet-Geschäft gelistet wird.

Die Festlegung der richtigen „Keywords" ist nicht einfach. Wer nur von sich selbst ausgeht, schließt möglicherweise die Zielgruppe aus. Wer nur von der Zielgruppe ausgeht, der riskiert, dass sein Angebot im falschen Umfeld plaziert wird. Die Frage von Selbstbild und Fremdbild wird im E-Commerce zum handfesten sprachlichen Erfolgsfaktor.

Betreiben oder planen Sie einen Internet-Shop? Dann versuchen Sie doch einmal, Ihre Schlüsselbegriffe niederzuschreiben. Etwa 30 Stück. Sie werden feststellen: Solange es nur um Produktnamen oder allgemeine Kategorien geht – kein Problem. Wesentlich schwieriger: Die Festlegung von Begriffen, die Ihre speziellen Eigenschaften und Vorteile charakterisieren. Noch schwerer: Begriffe, die Ihr Internet-Geschäft von konkurrierenden Web-Auftritten abgrenzen.

Damit beginnt die Positionierung. Und damit die Frage nach Selbstbild und Fremdbild:

➤ Wer bin ich?

➤ Wie beschreibe ich mich?

➤ Und würde mich meine Zielgruppe mit denselben Worten beschreiben?

Jetzt sind Sie dran! Ein kleiner Tipp: Wenn Ihre Wortliste steht, sollten Sie Ihre Kunden fragen.

Meine Schlüsselbegriffe:

. . . .

. . . .

. . . .

. . . .

. . . .

. . . .

. . . .

. . . .

Sind reale Welt und Online-Welt wirklich so verschieden?

> *Über die Macht des ersten Eindrucks*

Es ist soweit: Ein Kunde betritt Ihr Internet-Geschäft. Was geschieht? Der Besucher verhält sich wie ein Kunde im Ladengeschäft: Er orientiert sich, er will wissen, wo und wie er seine Wunschprodukte findet oder auf welchem Weg er einen kurzen „Ladenbummel" unternehmen kann. Was haben Sie zu bieten? Welche Vorteile wird er entdecken, und warum soll er gerade bei Ihnen bleiben und am Ende vielleicht sogar noch etwas kaufen?

Sobald ein potenzieller Kunde einen Online-Shop betritt, stehen die Chancen für einen Verkaufsabschluss nicht schlecht. Es ist gerade so, als hätten Sie den Empfänger eines Werbebriefs zum Öffnen des Versand-Umschlags gebracht. Denn schließlich ist der Besucher eines Online-Shops bewusst dort gelandet – etwa weil er die entsprechende Internet-Adresse eingegeben oder die Adresse als Ergebnis einer Suchmaschinen-Abfrage erhalten hat.

Viele Faktoren wirken jetzt zusammen. Ohne Zweifel hat zunächst einmal der optische „erste Eindruck" großen Einfluss auf das Verhalten des Besuchers – und selbstverständlich all das, was man unter dem Stichwort Navigation zusammenfasst. Doch diese Dinge sind auch in der realen Welt von Bedeutung.

Ein Unterschied zwischen Online- und Offline-Welt ist jedoch: Im „echten" Ladenlokal weisen Schildchen und Hinweistafeln den Weg. Jeder Besucher weiß, wie eine Kasse aussieht, wie bezahlt wird, was er mit einem Einkaufswagen tun kann. Im Internet fehlen diese gängigen Konventionen.

Aus diesem Grund müssen Sie den Besucher eines Online-Shops „an die Hand nehmen" – und zwar noch intensiver, als Sie es beispielsweise im Mailing tun. Wie und womit Sie ihn führen, sollten Sie vorher genau planen. Das gilt ganz besonders für Ihren Text.

Im Moment des ersten Besuchs auf Ihrer Website handelt es sich um eine von Interessen geleitete Wahrnehmung. Der Mensch ist über eine Suchmaschine oder Printpublikation auf Sie aufmerksam geworden und möchte nun mehr wissen. Jetzt entscheiden der erste Eindruck und die Qualität Ihrer Konzeption. Vermitteln Sie einem Besucher in dieser ersten Begegnung genügend Vorteile, um bei Ihnen zu bleiben? Verwirrt Ihr Internet-Geschäft, oder erkennt Ihr Gast eine klare Struktur? Durch die bereits erwähnte Studie *Filter und Verstärker im Online-Dialog* weiß man, dass Erstbesucher zu einer ersten Orientierung 20 bis 30 Sekunden auf einer Seite bleiben. Nun geht es darum, Ihren Besucher schnell an die Hand zu nehmen und zur gewünschten Reaktion zu führen. Tun Sie's nicht, verlieren Sie ihn.

Unterstützend wirken beispielsweise folgende Kriterien:

- aktivierender Einstieg
- schnelles Finden
- klare Navigation
- Produkt-Abbildungen (mit Vorteil)
- alle Texte sind Führungstexte
- klarer Bestellvorgang

Zum Ausstieg führen:

- langes Suchen
- verwirrende Navigation
- keine Produkt-Abbildung
- Texte aktivieren nicht
- nur Produktmerkmale
- Bestellvorgang unklar
- kein Warenkorb

Textarchitektur oder:
Wie Sie ein Textkonzept für das Internet entwickeln, das verkauft

> *Wie Sie viele Informationen sinnvoll verteilen, Bummler und Eilige berücksichtigen, Ihr Internet-Geschäft führen wie ein Kaufhaus und klare Wege finden, an die Konzeption heranzugehen*

Nun sagt die bereits zitierte Verkäuferregel: „Viel Information verkauft viel!" Doch ganz sicher nicht, wenn Berge von Informationen den Besucher Ihrer Website einfach überfordern. Die zentrale Frage für das Internet: An welcher Stelle platzieren Sie die notwendige Information?

Gleichzeitig gilt: Wer viel zu sagen hat, der braucht sich im Internet-Verkaufsgespräch nicht auf Stichworte zu beschränken. Im Gegenteil: er kann sogar mehr denn je erzählen. Vorausgesetzt, er baut seine Informationen so auf, dass sie dem Medium gerecht werden. Und dabei hilft das folgende Textarchitektur-Modell. Es zeigt einen Weg, um die vielen Informationen des Internet sinnvoll zu ordnen und an die unterschiedlichen Bedürfnisse Ihrer Besucher anzupassen.

■ Die Eiligen

Da Geschwindigkeit im Internet immer eine Rolle spielt, gilt es, diesen Aspekt auch in der Text- und Informations-Struktur zu berücksichtigen. Das heißt: Eilige Besucher brauchen eine Möglichkeit, das Wesentliche der Information schnell zu erfassen. Diese Aufgabe lösen Headlines und klare Führungstexte.

■ Die „Bummler" und Entdecker

Für Besucher, die etwas mehr Muße mitbringen oder (ganz wichtig) deren Interesse für einen Artikel plötzlich geweckt wird,

162

muss es gezielt in die Tiefe gehen. So wird das Unternehmen dem Medium und der Natur seiner Besucher gerecht. Hier helfen vertiefende Texte in mehreren Ebenen.

Was Ihr Textarchitektur-Modell leistet

Die folgende Grafik zeigt Ihnen zunächst einmal alle Textarten, die Ihr Internet-Geschäft benötigt: In der Abbildung sind zwei Felder grau hinterlegt. Der Grund: Diese beiden Text-Elemente finden sich auch in gedruckten Werbematerialien. Alle anderen sind im Printbereich nicht bzw. kaum vorhanden. Schon aus diesem Grund ist es unmöglich, Internet-Texte wie im gedruckten Werbemittel aufzubauen. Das Internet verlangt nicht nur mehr Text, sondern auch mehr Konzeption.

Deshalb finden Sie in der Grafik auch Texte, die nicht zum normalen Tagesgeschäft eines Werbetexters gehören. Warum? Hier geht es nicht nur um die Weitergabe des werblichen Inhalts oder der Produktinformation. Hier geht es auch darum, durch Sprache und textliche Hinweise eine Welt zu schaffen, in der sich unterschiedliche Besucher leicht zurechtfinden. So selbstverständlich wie bei einem Kaufhausbummel.

■ 1. Headlines

Eine Headline führt in den Text. Auch im Internet-Shop. Und wenn Ihnen die führende Headline einmal nicht gelingen will, dann verwenden Sie Ihre werblichen Überschriften wie kurze Stenogramme der folgenden Textinformation. Allein das Headline-Gerüst Ihres Shops muss – unterstützt durch Bildinformationen – klar vermitteln, was Sie anbieten und warum ein Besucher gerade bei Ihnen bestellen soll.

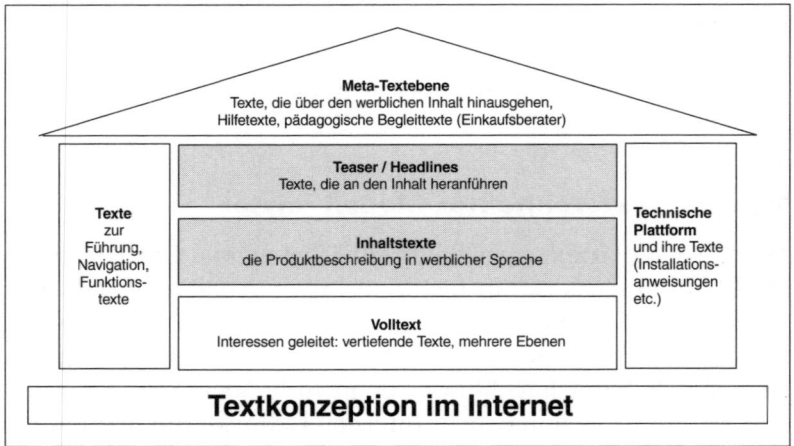

Textkonzeption im Internet

Textarten und Textkonzeption

■ 2. Inhaltstexte

Der eigentliche Werbetext. Auch das Internet benötigt ihn, kurz, klar, prägnant und gespickt mit Vorteilen. Allerdings auch abgestimmt auf die anderen, begleitenden Textinformationen. Eine große Herausforderung. Denn im Unterschied zum Print-Text sind einem Texter nun zunächst einmal keinerlei Beschränkungen auferlegt. Genauso wenig, wie man einen Leser im Mailing alleine lässt, genauso wenig darf man es im Internet. Übernehmen Sie also die verbale Führung. Sagen Sie klar und deutlich, was Ihren Leser wo erwartet, und auch, was er tun soll. Geben Sie sich den Raum, den Sie dazu benötigen. Denn Text ist im Zweifel wichtiger als Design. Und wenn es zu viel wird: Zerlegen Sie Ihren Text in verschiedene Ebenen. Gerade weil das Internet kein Lesemedium ist, Informationen aber ausschlaggebend für die Kaufentscheidung sind, ist dieses „Zerlegen" von Texten außerordentlich wichtig.

Wichtig: Nicht weglassen, sondern „sezieren" ist die Erfolgs-Formel für Werbetexte im Internet. Wenn Sie einen Teil Ihres Textes auf anderen Ebenen platzieren, dann müssen Sie dem Besucher natürlich Zugang zu den weiteren Informationen verschaffen. Zum Beispiel durch:

➤ einen Link im Fließtext,

➤ einen Button „Mehr Information",

➤ „Mehr ..." (als Link am Ende des Textes).

➤ Ist Ihr Text spannend genug: Brechen Sie im Absatz einfach ab. Das „mehr ..." signalisiert: Dieser Absatz geht in der nächsten Ebene weiter und entspricht hier dem „Bitte wenden" im zweiseitigen Brief.

■ 3. Volltext oder vertiefende Texte

Die Haupvorteile Ihres Produkts hat Ihr Inhaltstext vermittelt. Jetzt kommen die vielen weiteren Besonderheiten, die je nach Besucher Kauf entscheidend sind. Der Eine bevorzugt bestimmte Materialien, für den Anderen ist leichte Pflege wichtig, und ein Dritter findet Zugang zu Ihrem Produkt durch seine Entstehungsgeschichte, durch Referenzen, Gebrauchsbeispiele oder oder oder ... Jetzt steigt das Interesse des Besuchers, und Sie haben die Möglichkeit, ihn in Ihre Produkt-Präsentation zu „verwickeln". Und wenn Sie Ihrem Besucher dabei Wahlmöglichkeiten anbieten, wird er die reinen Produktinformationen nach Gusto mit Ihren „Geschichten" anreichern und so seine Kaufentscheidung treffen und absichern.

Durch dieses Ebenen-Konzept wird das Internet zum Lesemedium, das es Ihnen erlaubt, einen Besucher mit vollem Einverständnis in Ihre Produktwelt zu entführen. **Verzichtet ein Internet-Shop auf dieses „Geschichten erzählen", dann lässt er eine wichtige Chance ungenutzt verstreichen.**

Dabei dürfen die tiefer gehenden Ebenen des Volltextes einen Besucher nicht zu weit vom Produkt und damit von der Kaufentscheidung wegführen. Nichts ist schlimmer als ein Informations-Friedhof, der Kunden in Verwirrung bringt. Bei der Konzeption hilft deshalb ein einfacher Gedanke: **Der Weg zur Bestellung muss stets frei bleiben**. Denn nur so erreichen Sie das Ziel Ihres „Internet-Dialogs": Response.

■ 4. Führungstexte

Ob „Schnäppchenpreise – Jetzt zugreifen!", ob Hinweisschilder „zur Kasse", ob der Name des Verkäufers auf einem Namensschild: viele Textinformationen begleiten den Einkauf im „richtigen Leben". Auch im Internet benötigen wir diese kleinen Helfer. Unterschätzen Sie also diese kleinen Floskeln nicht: Button-Beschriftungen oder Funktions-Texte wie „Bitte klicken Sie hier" entscheiden mit über den Erfolg. Denn durch diesen **verbalen Orientierungsapparat** nehmen Sie Ihren Besucher wie ein guter Verkäufer an die Hand und führen ihn zur Bestellung.

Verlassen Sie sich also nicht allein auf bunte Führungs-Symbole, denn es gibt nur wenige, die wirklich allgemein gültig und sofort verständlich sind. Besser als ein unbekanntes Symbol ist in jedem Fall eine verständliche Beschriftung.

Denken Sie immer daran: Fast ein Drittel seiner Zeit verwendet ein neuer Besucher auf die Navigation. Je klarer Ihr Führungskonzept ist, desto mehr Zeit bleibt für den eigentlichen Einkauf.

■ 5. Technische Texte

Nicht immer notwendig, aber wenn doch, ist auch hier Klartext wichtig: Manche Shops erfordern auf der Besucherseite die richtige Software. Manchmal eine bestimmte Browser-Version, manchmal ein bestimmtes Zusatzprogramm, um Animationen, Ton oder Dokumente tatsächlich betrachten zu können.

Die Installation von Software oder die Bereitstellung von Programmen, die zur Betrachtung Ihres Angebots notwendig sind, erfordern Eingriffe in den PC Ihres Shop-Besuchers, unter Umständen Eingriffe in eine stabile Oberfläche, mit der Ihr Besucher bisher zufrieden war.

Sind solche Maßnahmen nötig, verabschieden sich viele Besucher noch vor der Ausführung. Doch für die Verbleibenden **benötigen Sie einen Text, der mehr ist als bloßer technischer Hinweis.** Erklären Sie, warum eine bestimmte Komponente nötig ist, wie sich beispielsweise die Bildschirmdarstellung verändert und wie „was-immer-auch-zu-tun-ist" im Klartext vor sich geht.

■ 6. Meta-Textebene

Texte dieser Ebene gehen weit über die werbliche Produkt-Präsentation und -Auslobung hinaus – und **bieten größte Chancen, den Produktverkauf durch eine neue Perspektive zu unterstützen.** Zu dieser Ebene rechnet man Hilfetexte, pädagogische Begleittexte, Features, den elektronischen Coach oder Einkaufsberater. Manchmal ist es aber auch – ganz unpersonifiziert – ein einfacher klarer Text, wie man in einem speziellen Shop nun bestellt und wie schnell die Ware eintrifft. Oder ein „Herzlich willkommen" für einen neuen Besucher. Es geht eben immer um einen Verkaufsdialog.

Ein Wort zum Schluss

Mit dem vorgestellten Textarchitektur-Modell ist es möglich, alle Textkategorien eines Internet-Shops zu konzipieren – und optimal für Ihre speziellen Zwecke zu nutzen.

Für die Inhalte stehen Headlines, Inhaltstexte und Volltext (auch in mehreren Ebenen). Für alles, was einen Shop von anderen unterscheidet, stehen Meta-Texte, Führungs- und Navigationstexte, im Einzelfall auch Texte zu technischen Features. In diesen Texten spielt die Tonalität eine große Rolle. Also die Frage: Treffen Sie den richtigen Ton? Die Wirkung von „Ab in den Warenkorb", „Bitte in den Warenkorb legen" oder „Warenkorb" ist unterschiedlich – und Teil Ihres Verkaufsgesprächs.

Und last, but not least, denken Sie daran: Auch der Name Ihres Shops ist ein Erfolgs-Faktor! Einen Shop für besondere Getränke „ars bibendi" zu nennen, mag im Direktmarketing per Post durch die begleitenden Bilder noch angehen. Für alle Nicht-Lateiner dieser Welt hat dieser Begriff, wenn er in der Trefferliste einer Suchmaschine auftaucht, jedoch in etwa die Bedeutung von „Hrrdlbrrmpft". Und das ist sicher kein geeigneter Name für Ihr Internet-Geschäft.

So arbeiten Sie in verschiedenen Textebenen

> *Ein Beispiel, das Ihnen zeigt, wie Sie mit verschiedenen Textebenen umgehen*

Zuallererst: Was steht wo? Deshalb braucht jeder Texter ein Ablaufdiagramm des jeweiligen Internet-Auftritts. Wie kommt man zu dem Produkt, das Sie betexten sollen, wie sieht die jeweilige Seite aus, wie navigiert sich ein Besucher durch Ihren Web-Auftritt bzw. durch Ihren Shop?

Wir stellen uns nun einfach folgendes Fallbeispiel vor:

Ein Versender hochwertiger Küchengeräte entwickelt seinen Internet-Auftritt. Das Unternehmen bietet klassische Traditions-Produkte im oberen Preissegment, die Printmaterialien sind sehr ausführlich, bieten neben den Produktinformationen zahlreiche Geschichten über die Produkte.

Auf den ersten Blick liegt hier eine scheinbar unüberwindbare Kluft. Das neuzeitliche Medium mit seinen kurzlebigen Trends und seiner mitunter fragmentarischen und verschlüsselten Sprache auf der einen Seite. Und der Anbieter mit seinem prosai-

168

schen Stil und seinem Hang zur Ausführlichkeit auf der anderen Seite. Ein Widerspruch, der nur vordergründig existiert.

Denn wer, wie unser Beispiel-Unternehmen, viel zu sagen hat, kann sogar mehr denn je erzählen. Vorausgesetzt, er baut seine Informationen so auf, dass sie dem Medium gerecht werden. Deshalb setzt dieses Unternehmen das Textarchitektur-Modell zur Konzeption des Internet-Shops ein. Hier sind die einzelnen Schritte der Konzeption:

Zum Beispiel: Die Produktgruppe Eisenpfannen ...*

■ 1. Die Meta-Textebene:

Sie bietet Texte, die über den werblichen Inhalt hinausgehen, Hilfetexte, pädagogische Begleittexte oder Textpassagen, die generelle Informationen im Stil eines Einkaufsberaters formulieren. Auch die Metatexte können in mehrere Ebenen verzweigen. Hier haben wir einen Text im Stil eines Features aus dem Katalog:

Warum gute Pfannen aus Eisen sind ...

Eine Bratpfanne muss man sehr hoch erhitzen können. Und sie muss die Hitze möglichst unvermindert an das Bratgut weitergeben. Keine andere Pfanne reicht in dieser Hinsicht an die alte, naturbelassene Eisenpfanne heran. Profis haben sie deswegen immer bevorzugt. Denn Eisen erhitzt sehr schnell und kühlt auch sehr schnell wieder ab. Man kann die Hitze also exakt steuern.

Geschmacklich und gesundheitlich sind Speisen, die in der naturbelassenen, also unbeschichteten und nicht emaillierten Eisenpfanne zubereitet werden, unübertrefflich. Dabei sind Eisenpfannen preiswert und sehr lange haltbar.

---

* Das folgende Beispiel wurde vom Autor gemeinsam mit Jörn Winter, Corporate Text Institut, entwickelt. Um das „Geschichten erzählen in vielen Ebenen" näher kennen zu lernen, empfehlen wir Ihnen einen Klick in www.manufactum.de.

■ 2. Headlines

Texte, die an den Inhalt heranführen. Sie charakterisieren nicht nur das Produkt, sondern differenzieren auch die angebotene Produktpalette.

- – Solide und gut: Eisenpfannen aus Westfalen

- – Kaum zu übertreffen: Die schmiedeeiserne Bratpfanne

- – Unschlagbar in Ihrer Küche: Handgeschmiedete Bratpfannen

■ 3. Inhaltstexte

Sie liefern die Produktbeschreibung in werblicher Sprache. Hier wurde ein Produkt aus der Produktgruppe herausgenommen.

Kaum zu übertreffen: Die schmiedeeiserne Bratpfanne

Damit wird Braten wieder zur Kochkunst. Denn mit allerlei Moden und neuen Materialien zog nicht immer besserer Geschmack in die Küchen. „Chemische Beschichtungen" in der Pfanne machten diese zwar Spülmaschinen geeignet, kosteten jedoch Geschmack und appetitliche Farbe der Bratkartoffeln. Wer dies wieder für sich entdecken will: Hier ist ein professionelles Werkzeug für Ihre Küche. Mit geschmiedetem, angeschweißtem Hakenstiel. Haltbar, pflegeleicht und von höchster Qualität.

Mehr ...

Schmiedeeiserne Bratpfanne
(Bestelltext/Produktmerkmale mit Preis:)

Boden 26,5 cm ⌀, 32 cm ⌀ oben, Höhe 3,5,
Gesamtlänge 61 cm. Gewicht 2000 g.   EUR   **39,88**

■ 4. Texte zur Führung, Navigation

Funktionstexte geben Hinweise zur Bestellung, finden sich auf Buttons und stellen klar, was folgt. Hier gilt: Konzipieren Sie Ihr Führungskonzept für den kompletten Internet-Auftritt.

In den Einkaufskorb legen ... (Button)
Einfach bestellen mit einem Klick ...

Details ansehen ... (Button)
Sehen Sie genau hin ...

Was Eisenpfannen noch auszeichnet ... (Button)
Mehr Text und noch mehr Vorteile ...

■ 5. Technische Texte

Über den Button „Details ansehen" kann nun ein Video betrachtet werden. Auf der Seite erscheint ein Hinweis zu Technik und den Download-Möglichkeiten für die nötige Video-Software.

Ganz detailliert wird's im Video. Hier haben Sie die Möglichkeit, Ihre neue Bratpfanne „von allen Seiten" und in Aktion zu erleben. Was Sie dazu brauchen: Das kleine Hilfsprogramm xy. Haben Sie's schon installiert, können Sie sofort Ihre Kameratour beginnen. Wenn noch was fehlt: Klicken Sie einfach auf den Button „Download", dann begleitet Sie der Assistent/Einkaufsberater usw. bis zur Installation.

(Installationsanweisung)

■ 6. Volltext

Der Volltext vertieft nun die Produktinformation. Hier geschieht die Wahrnehmung nach Interesse des Nutzers. Er will mehr wissen und folgt nun den angebotenen Themen – unter Umständen über mehrere Ebenen. Auf der Volltextebene lassen sich auch allgemeine Texte platzieren, die zu ergänzenden Produkten weiterführen.

Ebene 1

Was Eisenpfannen noch auszeichnet ...

Die Pfanne mit geschmiedetem angeschweißten Hakenstiel entnimmt ihren Charakter ganz dem Material, aus dem sie gemacht wird: schwer, unverwüstlich, rustikal für „strengsten" Gebrauch auf Elektroherden, Gasherden und über dem offenen Feuer des Grills. ...

(Bestelltexte)

Ebene 2 bis x

Was Sie über Einarbeitung und Pflege wissen müssen ...

Eine Eisenpfanne muss eingearbeitet werden. Erst dann wird sie richtig gut und im Laufe der Zeit immer besser. Einarbeiten heißt einfach *einbraten*. (Link zum nächsten Thema). Ist sie richtig eingebraten, lässt sie sich leicht und restlos auswischen. Eine gründliche Reinigung sollte warm mit Salz erfolgen. Auf keinen Fall gehört sie in die Spülmaschine. Wenn Sie diese Handhabung beachten, wird Ihre Eisenpfanne steinalt – und dabei immer besser.

Wie das Einbraten funktioniert ...

Alle Reineisenpfannen werden von den Herstellern mit einem Ölfilm vor Korrosion geschützt. Dieses Öl müssen Sie entfernen, bevor Sie damit beginnen, Ihre Pfanne einzubraten. Ein Hinweis: Viel besser als jedes Spülmittel kann das die kalzinierte Soda aus unserem Putzmittelsortiment: (Bestelltext, -Nr., Preis).

Danach beginnen Sie mit dem Einbraten ...

■ 7. Abschließend ...

Was das Unternehmen dem Leser anbietet, ist eine klare Produkt-Differenzierung, die je nach Interesse des Shop-Besuchers in die Tiefe geht. Warum ist die eine Pfanne teurer als die andere? Wie wird eine Pfanne eingebraten? ...

Trotzdem sollten Sie weitere Vorbereitungen für Ihren Käufer treffen: Zeigen Sie immer einen Weg zurück in die oberste Ebene Ihres Auftritts – und platzieren Sie den Warenkorb möglichst offen. Nur so stellt sich das „Einkaufsgefühl" beim Besuchen Ihres Shops ein.

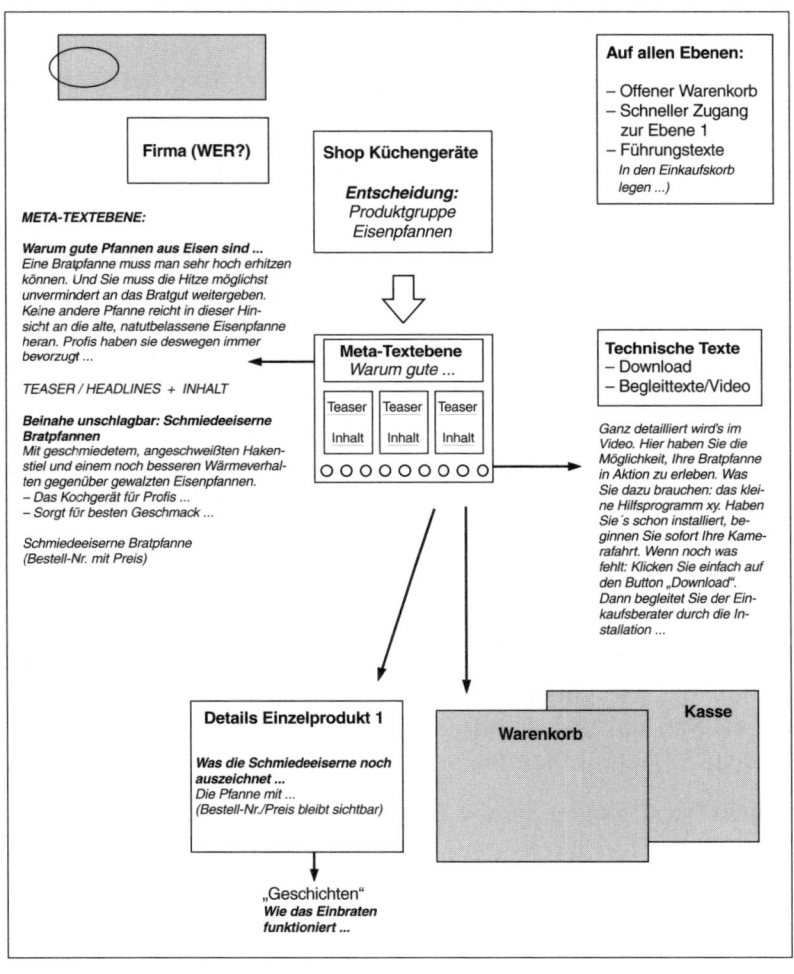

Die Verteilung einzelner Texte nach dem Textarchitektur-Modell

Der Weg in Ihren Text ...

Jetzt sind Sie dran: Das Grobkonzept Ihres Internet-Auftritts steht. Sie sitzen vor Ihren Prospekten und überlegen, wie Sie die vielen Informationen in Ihrem Internet-Geschäft präsentieren. Ihre Aufgabe: den Text in unterschiedliche Ebenen zu teilen.

Denken Sie daran: Ihr Text muss den Leser in die Produkt-präsentation verwickeln. Die Texte der nächsten Ebene werden nur gelesen, wenn Ihr Inhaltstext genügend Vorteile vermittelt bzw. genügend Interesse weckt. Entscheiden Sie: Welcher Hauptvorteil steht in der Headline, welche Informationen finden sich im werblichen Inhaltstext, welche zeigen Sie in einer tieferen Ebene?

Schritt Nr. 1: Markieren/unterstreichen Sie in Ihrem Printpro-spekt alle leserbezogenen Vorteile eines Produkts, die auf der ersten Textebene (Inhaltstext) erscheinen müssen. Kennzeich-nen Sie den Hauptvorteil für den Leser.

Schritt Nr. 2: Entwickeln Sie Ihre Headlines.

Schritt Nr. 3: Zeichnen Sie ein grobes Flussdiagramm oder eine Mindmap. Wie gliedern Sie Ihren Volltext? Welche Textideen haben Sie, um den Leser tief in Ihr Angebot zu verwickeln? Welche Ebenen sehen Sie vor?

Schritt Nr. 4: Legen Sie die Inhalte der tiefer gehenden Ebenen fest.

Schlusswort oder:
„Da steh ich nun, ich armer Tor, und bin so klug als wie zuvor" ...

Warum ein Buch zu neuen Fragen führt und warum einige Antworten zu Anzeige, Newsletter und E-Mail am Schluss stehen

Aus. Ende. Vorbei. Auch wenn noch viele hundert Seiten über das Texten zu schreiben wären: Irgendwann einmal muss er kommen, der Punkt.

Ich wünsche mir, dass Sie bis hier viele Anregungen mitnehmen konnten und dass sich Ihr Herangehen an den Text und Ihre Texte mit diesem Buch verändern. Das Ziel: eine einfache, klare Sprache zu finden, die nicht banal, sondern konkret vermittelt, was Ihre Leser brauchen, um zu reagieren. Denn ich wünsche Ihnen viele Antwortfaxe, Antwortkarten, Telefonanrufe, E-Mails nach jeder Ihrer Aktionen.

Nicht ganz ohne Grund steht am Anfang dieses letzten Kapitels ein Zitat aus Goethes Faust. Denn neben vielen Anregungen führt ein Buch wie dieses zwangsläufig zu weiteren Fragen. Da gibt es viele Marketing-Instrumente, die hier noch nicht behandelt wurden: der gedruckte oder der E-Mail-Newsletter, Sonderformen von Werbebriefen auf vier, acht, zwölf Seiten, Postkarten und, und, und ...

Trotzdem: Mit den Kapiteln 1 bis 7 und dem Praxiskapitel 8 optimieren Sie alle Texte, die Ihr Haus verlassen. Denn Ihr Redigiersystem ist in allen Medien einsetzbar. Die folgenden Kapitel 9 bis 12 haben sich, stellvertretend für viele Instrumente, mit dem klassischen Mailing und dem Internet beschäftigt. So viel gäbe es hier noch zu sagen. Doch diese Kapitel wollten vor allem deutlich machen, dass natürlich neben dem Texterwerkzeug der Kapitel 1 bis 8 auch jedes Instrument bestimmte Anforderungen an den Texter stellt. Deshalb an dieser Stelle auch noch ein kurzer Blick auf Instrumente, die bisher nicht ausführlich behandelt wurden.

Direktmarketing-Anzeigen

Natürlich braucht auch Ihre Direktmarketing-Anzeige Klartext und muss, wenn sie verkaufen soll, zur Reaktion führen. Das heißt, auch hier sind eine aktivierende Headline, ein Text, der Vorteile vermittelt, und ein funktionierender Response-Mechanismus nötig. Nur: Sie haben einfach weniger Text zur Verfügung, müssen hier oft in wenigen Zeilen Ihren Leser aktivieren.

Viel mehr als in anderen Instrumenten sollten Sie hier schnellen Response vorsehen. Die alte Per-Post-Coupon-Anzeige hat sich überlebt. Der Coupon gibt jedoch noch immer ein optisches Signal, „etwas tun" – auch wenn Coupons heute gefaxt werden. Oder der Leser ruft direkt bei Ihnen an. Deshalb brauchen Response-Anzeigen deutlich sichtbar eine Telefonnummer, das Fax oder Ihre E-Mail.

Der E-Mail Newsletter

Im Trend, für manche hoch erwünscht, für manche eine Belästigung: der E-Mail Newsletter.

Während in den Unternehmen die technische Herausforderung darin liegt, durch ein intelligentes „Content-Management-System" Printprospekte, Kundenzeitung und Newsletter aus einer Datenbank zu bedienen, wächst bei vielen Menschen der Unmut über volle Mail-Accounts. Deshalb noch einige Anmerkungen zum E-Mail-Newsletter und einige Hinweise zum Text.

Zunächst einmal steht hier eine juristische Grenze: Nur wer Ihnen ausdrücklich die Erlaubis (permission) dazu erteilt, dem dürfen Sie Ihren regelmäßigen E-Mail-Newsletter schicken. Und weil diese Erlaubnis nötig ist, erfanden Werber gleich ein neues Etikett: Permission Marketing.

Grundsätzlich ist es fantastisch, wenn Menschen sagen: Wir wollen mehr von Ihnen wissen, und zwar regelmäßig, doch gibt es viele Newsletter, die nicht bieten, was sie versprechen: „News". Und wenn der Empfänger nicht das bekommt, was er sich erhofft, lässt sein Interesse nach, der so genannte Newsletter wird als wertlos empfunden und irgendwann zur Belästigung.

Eigentlich sollte er ja ein Instrument zur Bindung sein. Um Kunden zu weiteren Käufen oder Interessenten zum Erstkauf zu führen. Deshalb muss er Vorteile vermitteln, zumindest den Vorteil „News". Überlegen Sie selbst einmal: Da gibt es in Ihrem Mail-Posteingang bestimmt Newsletter, die öffnen Sie, denn jedes Mal finden sich hier aktuelle oder nützliche Neuigkeiten. Andere werden ungeöffnet gelöscht. Warum?

Auch für den Text gilt: kurz, knapp, sofort verständlich soll er sein. Wenige Sätze pro Thema. Denn ist das Interesse des Lesers geweckt, hat er die einfache Möglichkeit, über einen gesetzten Link ganz schnell tiefer ins Thema einzusteigen. Aber diese wenigen Sätze müssen sitzen.

Verzichten Sie nicht auf die persönliche Anrede. Wenn das im Text nicht möglich ist, vermitteln Sie das Gefühl „persönlich" durch ein Editorial, das ein Mensch unterschreibt. Und wenn hier nur wenige Sätze stehen.

Liefern Sie nicht zu viel: Zu viel Text gibt immer das Signal „viel zu tun". Ihr Newsletter soll schnell auswertbar sein. Und machen Sie ihn nicht zu einer reinen Werbeveranstaltung für sich selbst.

Nun macht es die Technik möglich, heute nicht nur reinen Text, sondern im HTML-Format auch Layouts zu schicken. Natürlich haben Sie so die Möglichkeit, durch Bilder zu fesseln, und HTML-Mails haben im Moment auch eine hohe Akzeptanz. Doch der Trend kehrt sich bereits um. Wenn die E-Mail als persönliche und schnelle Botschaft plötzlich verkleidet ist wie ein bunter Prospekt, wirkt sie auch wie eine gedruckte Produktpräsentation – und verliert das Signal persönlich. Deshalb suchen Unternehmen auch für ihre HTML-Mail wieder persönlichere Formen. Das wäre die E-Mail, die wie ein Brief oder eine Postkarte aussieht.

Kurz, klar und responseorientiert. Das gilt ganz besonders für den Header Ihrer Mail. Er ist eine typische Headline, die zum Lesen motiviert. Denken Sie nur daran, was eine einfache Headline wie „I love you ...“ durch den darunter versteckten Virus alles ausgelöst hat. Und da immer mehr Menschen Mail-Header als Benachrichtigung auf dem Display ihres Mobiltelefons empfangen, ist Kürze ein Muss. Wie das funktioniert, haben Sie in Kapitel 7 gelesen.

Der gedruckte Newsletter oder die Kundenzeitschrift

... braucht ähnlich wie gerade beschrieben ein Editorial. Verzichten Sie nicht auf das Signal „persönlich“! Und liefern Sie wie oben echte „News“. Kundenzeitschriften, die wirken wie ein aufgeblasener Prospekt, finden wenig Anklang. Sie sind eben keine Zeitschrift. Denn die liefert Neuigkeiten, Nützliches für den Leser. Eine Faustregel: Maximal 50 Prozent Ihres Textes bestehen aus Eigenwerbung, der Rest ist „Redaktion“. Das bedeutet in unserem Zusammenhang: Hier steht der Nutzen für den Leser im Vordergrund und nicht der sofortige Rückschluss auf Ihr Angebot. Und, und, und ...

Doch nun: Zurück in den Text! Nehmen Sie Ihre Rohtexte, finden Sie Ihren Weg durch dieses Buch – und legen Sie los! Wo immer Sie landen in diesem Buch oder in Ihrer Textarbeit: Ich wünsche Ihnen viel Erfolg!

Ihr

Stefan Gottschling

Das kleine Lexikon ...

> *Das Glossar zum Nachdenken, Nachschlagen, Nachlesen*
> *für alle, die zum einen oder anderen Thema nun noch*
> *mehr wissen wollen ...*

Einfach, klar und verständlich soll Ihnen dieses Buch in der Praxis helfen. Deshalb finden Sie hier auch noch ein kleines Lexikon, das manches vielleicht noch transparenter macht.

A

Account

Account = Konto. Bezeichnet die Zugangsberechtigung zu einem On-line-System oder Netzwerk. Die Anmeldung („login" oder „einloggen") erfolgt meist durch Eingabe eines Benutzernamens und/oder eines Kennworts.

AIDA

Eine der bekanntesten Regeln für den Aufbau einer Werbebotschaft. Hat besondere Bedeutung beim Texten von Werbebriefen und Prospekten. Die Bezeichnung AIDA setzt sich aus den Anfangsbuchstaben der englischen Bezeichnung für Aufmerksamkeit (attention), Interesse (interest), Wunsch (desire) und Handlung (action) zusammen. Textern und Konzeptionern ins Stammbuch geschrieben: zuerst Aufmerksamkeit erregen – dann Interesse für das Angebot erzeugen – den (Besitz-)Wunsch wecken und verstärken – zur sofortigen Handlung auffordern (und sie auch er-

möglichen). Eine Argumentations-kette, die auch in der grafischen Unterstützung und in der konzeptionellen Form in dieser Folge aufgebaut wird, hat alle Aussichten auf den gewünschten Erfolg.

Antwortkarten

Die Antwortkarte hat viele Namen: Informationskarte, Anforderungskarte, Bestellkarte, Einladungskarte, Gutscheinkarte, Wertscheinkarte usw. Aber welchen Namen sie auch trägt, sie ist wichtigster Bestandteil einer Direktwerbung, weil sie Sofortreaktionen ermöglicht und damit die Bestellquote erhöht. Nicht weniger wichtig ist ihre Funktion als „Erfolgsmesser". Die eingehenden Antwort- oder Bestellkarten sorgen für die hieb- und stichfeste Erfolgskontrolle jeder Direktwerbe-Aktion. Um dem Empfänger das Reagieren (Bestellen) so leicht wie möglich zu machen, sind Antwortkarten meist bereits mit der Anschrift des Adressaten versehen. Diese Adressierung kann sowohl per Adress-Aufkleber als auch direkt – per Laser-Printer, Kettendrucker oder Ink-Jet – erfolgen. Allerdings gilt heute eindeutig: Die Antwortkarte trifft auf einen Trend zur schnellen Reaktion. Deshalb senden immer weniger Menschen eine Antwortkarte per Post, sondern sie wird einfach gefaxt. Das hat natürlich Folgen für Layout und Text. Denn die Gestaltung muss „faxbar" sein und die Bestelldaten müssen sich auf einer Seite befinden.

B

B2B
Kurzbezeichnung für Business to Business. Teil der Distributionspolitik. Hier wendet sich ein Unternehmen mit seinem Angebot an ein in der Wertschöpfungskette nachgelagertes, anderes Unternehmen.

B2C
Kurzbezeichnung für Business to Consumer. Teil der Distributionspolitik, bei der sich ein Unternehmen mit seinem Angebot direkt an den Verbraucher wendet.

Blindmuster
So nennt man ein im Voraus gefertigtes Muster eines Werbemittels ohne die vorgesehenen Texte und Bilder. Bei Direktwerbeaktionen spielt das Blindmuster eine entscheidende Rolle bei der Ausschaltung von Pannen. Es ist verbindlich für Format, Falzung, Gewicht und dient als „Probestück" für alle maschinellen Arbeitsgänge.

Blindtext
Er wird anstelle des endgültigen Textes in ein Satzlayout eingefügt und ist meist ohne direkten Sinn (lorem ipsum ...). Er zeigt jedoch alle typographischen Merkmale des endgültig verwendeten Textes (Schriftart, Schriftgröße, Zeilenabstand, Zeilenfall usw.).

Blocksatz
Anordnung der Zeilen eines Textes, bei der Zeilenanfänge und Zeilenenden in senkrechter Ausrichtung übereinstimmen.

Briefing
Die schriftliche oder mündliche Übergabe aller Informationen, die zur Erarbeitung einer Direktwerbeaktion notwendig sind. Dabei ist eine Vielzahl von Fakten festzuhalten und zu prüfen.

C

Clusteranalyse
Mathematisch-statistisches Verfahren zur Ermittlung von Teilmengen mit gleichen Eigenschaften oder gleichem Verhalten, z. B. Konsumverhalten.

Codierung
In der Direktwerbung versteht man darunter die (verschlüsselte) Kennzeichnung von Antwortkarten, Gutscheinen, Coupons usw. zur genauen Erfolgsauswertung.

D

DIN-Formate

A-Reihe
A0: 841 x 1189 mm
A1: 594 x 841 mm
A2: 420 x 594 mm
A3: 297 x 420 mm
A4: 210 x 297 mm
A5: 148 x 210 mm
A6: 105 x 148 mm
A7: 74 x 105 mm
A8: 52 x 74 mm

B-Reihe
B0: 1000 x 1414 mm
B1: 707 x 1000 mm
B2: 500 x 707 mm
B3: 353 x 500 mm
B4: 250 x 353 mm
B5: 176 x 250 mm
B6: 125 x 176 mm
B7: 88 x 125 mm
B8: 62 x 88 mm

C-Reihe
C0: 917 x 1297 mm
C1: 648 x 917 mm
C2: 458 x 648 mm
C3: 324 x 458 mm
C4: 229 x 324 mm
C5: 162 x 229 mm
C6: 114 x 162 mm
C7: 81 x 114 mm
C8: 57 x 81 mm

DIN-lang:
110 x 220 mm

Domain

Die Domain fasst einen oder mehrere Server oder Gruppen von E-Mail-Adressen zusammen, die die gleiche Namensendung haben. Eine Domain gilt als komplette Internet-Adresse und ist immer nach einem hierarchischen Prinzip aufgebaut. Die so genannte Toplevel-Domain für Deutschland ist „.de", die Subdomain „www.firma.de" gibt den genauen Standort des Rechners an. Die Domain befindet sich jeweils im Besitz einer Institution oder einer Person.

Durchschuss

Raum zwischen zwei Zeilen, meint oft eine eingeschobene Leerzeile. Der Begriff stammt aus der Bleisatzzeit und bezieht sich auf das nicht druckende Blindmaterial.

E

Early-Bird

Anreiz für den Empfänger Ihrer Werbebotschaft, seine Antwort so schnell wie möglich abzusenden. Verkürzt nicht nur die Reaktionszeit, sondern erhöht auch erfahrungsgemäß die Zahl der Reaktionen. Es kann sich zum Beispiel um ein Geschenk handeln, von dem gesagt wird, dass man nicht weiß, wie lange der Vorrat reicht. Eine Befristung des Angebots durch einen ermäßigten Preis kann diesen Effekt ebenso auslösen. Oder es ist die befristete Zusatzverlosung eines Geldpreises in bar unter denjenigen, die ihre Karte bis zum Termin eingesandt haben.

E-Commerce

Auch eCommerce; Electronic Commerce – Handel via Internet; ermöglicht den elektronischen Geschäftsverkehr in und zwischen Unternehmen sowie zwischen Endkun-

de und Unternehmen. Beim Be-
stelleingang setzt ein Workflow-
Prozess ein, durch den der Auftrag
sofort elektronisch an die beteilig-
ten Stellen (Auftragsannahme, La-
ger, Versand, Kundendienst, Buch-
haltung) weitergeleitet wird. Außerdem lassen sich Geschäftsvor-
gänge damit elektronisch archivie-
ren. E-Commerce eignet sich hervorragend für den Direktvertrieb
von Waren übers Internet.

Eiserne Hand
Unterschriftenautomat

Emoticons
Kunstwort aus „Emotion" und
„Icons"; Emoticons sind ASCII-
Zeichen, die Gefühlszustände dar-
stellen sollen. Fröhlich :-) oder trau-
rig :-(sind Botschaften, die den reinen Text in Internet-Chats mit einer zusätzlichen Kommunikations-
ebene versehen.

F

Faksimile
Originalgetreue Wiedergabe einer
Vorlage. Handschriften, Unterschriften, Briefe, Urkunden und
Neuauflagen alter Schriften können
so „originalgetreu" in hohen Aufla-
gen nachgedruckt werden.

Flattersatz
Zeilenfall mit unterschiedlich langen Zeilen, meist linksbündig aus-
gerichtet. Die Zeilen „flattern" am
Ende. Im Unterschied zum Blocksatz sind Wort-Zwischenräume
gleich breit.

Fließtext
oder Mengentext nennt man den
„normalen" Text einer Drucksache,
der nicht als Überschrift, Legende
o. ä. ausgezeichnet ist.

Flyer
Um die Portogrenze voll zu nutzen
oder um besondere Aufmerksamkeit zu wecken, legen Direktwerbe-
profis gerne ein meist kleines Pro-
spektblatt der Aussendung bei, den
Flyer. Auf ihm können nicht nur
Sonderangebote oder ein Gratisge-
schenk hervorgehoben werden:
Auch abgedruckte Kundenzuschrif-
ten, Gutachten oder Testergebnisse
erhalten so besonderes Gewicht.
Allerdings wird „Flyer" oft auch
synonym gebraucht für „Prospekt".

Follow-Up
Darunter versteht man sämtliche
Aktivitäten, die dem (direkt-)werb-
lichen Appell folgen: intern die
Erfolgskontrolle, Testauswertung,
usw.; extern die Übermittlung ange-
forderter Werbemittel, der Wa-
renversand, die Berechnung, das
Mahnwesen u. a. Zum Teil wird dieser Begriff auch im weiteren Sinne
zur Bezeichnung von Nachfassak-
tionen verwendet – in der Regel bei
ausgebliebener Reaktion. Siehe
auch „Nachfasswerbung".

G

Grammatik
Im engeren Sinne umfasst Grammatik die Lehre von der Wortbildung
und -flexion (Morphologie) sowie
die Verwendung der Wörter im Satz
(Syntax). *Im weiteren Sinne* rechnet

man auch die Lautlehre (Phonetik und Phonologie) hinzu. Das Muster für grammatische Beschreibung war bis ins 20. Jahrhundert das griechisch-lateinische grammatische Kategoriensystem. Erst heute wird, ausgehend hauptsächlich von den USA (Strukturalismus), in der Wissenschaft ein der jeweiligen Sprache angemessenes grammatisches Beschreibungssystem gesucht.

Die *historische Grammatik* (meist als Phonetik und Morphologie) untersucht die Veränderungen einer Sprache im Lauf der Zeit. Die *Transformationsgrammatik* untersucht die Möglichkeiten der Transformation mit den Regeln der Grammatik. Die *generative (Erzeugungs-) Grammatik* versucht festzustellen, nach welchen Regeln Sätze gebildet werden. Die *Konstituentengrammatik* analysiert die Texte einer Sprache daraufhin, in welche mittelbaren und unmittelbaren kleineren Einheiten (Konstituenten) die Sätze und Wörter zerlegt werden können. Die *Dependenz-* oder *Abhängigkeitsgrammatik* stellt das Verb und dessen Valenz (Fähigkeit, Satzglieder an sich zu binden und durch diese Beziehungen Grundmuster von Sätzen zu bilden) in den Mittelpunkt der Sprachbeschreibung.

(Gefunden unter: www.wissen.de, leicht bearbeitet)

H

Hot Spot
„Logenplatz" im Katalog mit besonderer Beachtungsintensität, so zum Beispiel die Titelseite, die letzte Umschlagseite und die Mittelseiten.

Hypertext
Auch Hypermedia. System von Texten und anderen Dokumenten, Grafiken, Bildern, Videos usw., das in einem (digitalen) Dokument oder zwischen mehreren Dokumenten ein hierarchisches System von Verweisen einführt. Der Nutzer gelangt über interne Querverweise in einem Text schnell zu für ihn interessante Informationen, ohne den ganzen Text zu lesen. Im World Wide Web bildet Hypertext die Basis des multimedialen Dienstes.

I

Impulskauf
Wenn der Kunde spontan eine angebotene Ware kauft, obwohl der Kauf eigentlich nicht geplant war, spricht man von Impulskauf. Angebote, die für den Impulskauf geeignet sind, werden in der Direktwerbung oft auf dem Briefumschlag oder auf der Bestellkarte platziert.

Impulsmethode
Im Direktmarketing von Stefan Gottschling für die Optimierung von Werbemitteln und Webseiten entwickelte Methode. Sie stellt fest, wie viele aktivierende Impulse durch Konzept, Layout und Text gesetzt werden, und zeigt Optimierungschancen (www.impulsmethode.de).

Internet-Adresse
oder URL. Wie alle gespeicherten Dateien tragen Internet-Adressen

184

einen genau definierten, weltweit eindeutigen Namen. Das Kürzel *http://* verweist auf eine Webseite, das @-Symbol auf eine digitale Postanschrift. Im Beispiel *http:// www.firma.de* zeigt das Kürzel *de* im Domain-Namen, dass es sich um eine deutsche Internet-Adresse handelt. Eine zugehörige E-Mail-Anschrift wäre *meier@firma.de*.

J

Johnson-Box
Spezielle Brief-Eröffnungs-Technik: Die wesentlichen Vorteile eines Angebots werden in knappen Zeilen – zumeist eingerahmt, in Form eines Kästchens – dem eigentlichen Brief vorangestellt.

Junk-Mail
Meist unerwünschte Werbesendungen per E-Mail. Mittlerweile sind die seriösen Internet-Provider bemüht, Firmen, die über ihre Rechner Junk-Mails versenden, von ihren Diensten auszuschließen.

K

KISS
Keep it simple and stupid – Halte es einfach und leicht verständlich. Ein oft nicht nur für klare Texte und für Direktwerbe-Aktionen erfolgsentscheidender Grundsatz.

Kryptographie
Wissenschaft vom Ver- und Entschlüsseln von Informationen. Um Daten vor ungewolltem Zugriff zu schützen, gibt es Verschlüsselungsprogramme, die Dateien in scheinbar sinnlose Informationen verwandeln. Mit einem entsprechenden Programm und einem separat übermittelten Passwort können sie wieder entschlüsselt werden. Absolut sichere Chiffrierverfahren gibt es nicht. Die bislang besten Programme arbeiten mit zwei Schlüsseln.

L

Layout
ist die skizzierte Gestaltungsidee eines Werbemittels. Man unterscheidet zwischen Rohlayout (Scribble), bei dem die Verteilung von Bild, Text und anderen Gestaltungselementen in einer Grobskizze visualisiert wird, und dem (Edel-)Layout, bei dem mit Blindbildern, Bildtext, Farbfolien, Farbpapieren usw. ein möglichst naturgetreues Bild des vorgesehenen Werbemittels erarbeitet wird.

M

Marketing
hat das Ziel, bestehende Absatzmärkte einer Ware zu erhalten, auszubauen und neue Märkte zu schaffen. Marketing bedeutet, alle Maßnahmen einer Unternehmung auf die Erfordernisse des Marktes auszurichten bzw. den Markt aktiv zu gestalten. So gehören zum Marketing u. a. Absatzpolitik, Marktforschung, Produkt- und Preispolitik, Public Relations, Verkaufsförderung, Verpackung, Werbung.

Marketing-Mix
Gesamtheit der koordinierten und aufeinander abgestimmten Marketing-Faktoren und -Maßnahmen.

N

Netiquette

Die Netiquette ist der Verhaltenskodex des Internet, denn auch hier gibt es grundlegende Verhaltensformen für den Umgang mit anderen Netzteilnehmern. Grobe Verstöße gegen die Netiquette werden schon einmal vom jeweiligem Systembetreuer mit einem Ausschluss aus einem System geahndet. Die Netiquette verbietet persönliche Beleidigungen und grobe Verletzung religiöser, weltanschaulicher oder auch ethischer Empfindungen anderer Netzteilnehmer, rassistische und faschistische Äußerungen, Aufforderungen zu Gewalttaten oder sonstiger krimineller Taten. In Großbuchstaben zu schreiben ist im Netz auch verpönt, da man dies als SCHREIEN interpretiert. Im Netz wird üblicherweise geduzt, und man sollte möglichst kurz formulieren.

O

Öffentlichkeitsarbeit

Verbessert die Beziehungen Ihres Hauses zur Öffentlichkeit, zu Institutionen, Organisationen, Verbänden und Presse. Direktwerbung hat als gezielte Werbung einen hohen Stellenwert im Media-Mix der Öffentlichkeitsarbeit.

P

Page

Engl. Seite, gleichzeitig Seite/Maßeinheit im Internet. HTML-Dokument, das Text, Bilder oder andere Elemente enthalten kann, statisch oder dynamisch aufgebaut wird und allein oder innerhalb von Rahmen (frames) stehen kann.

Paginierung

Seitenzählung, z. B. in einem Buch.

Papier

Naturpapier

- maschinenglatt
  Für Briefe, Prospekte mit Grobraster, Mitteilungen etc.

- einseitig glatt
  Für Verpackungen aller Art, Banderolen etc.

- satiniert
  Die meisten farbigen Papiere sind satiniert. Die mechanisch geglättete Oberfläche wird besonders beim Schreibpapier benötigt.

- geprägt, gehämmert
  Ausgefallene Struktur, wertvoller Eindruck bei Briefen, Prospekten, Speisekarten etc.

Gestrichenes Papier

- Chrompapier
  Einseitig gestrichen, für Etiketten, feine Verpackungen etc.

- Kunstdruckpapier
  Beidseitig gestrichen, für repräsentative Drucke mit Feinraster, Illustrationen etc.

- maschinengestrichene Papiere
  Im Gegensatz zum Kunstdruckpapier in einem Arbeitsgang bei der Herstellung mit einem Aufstrich versehen; der Druck ist nicht ganz so brillant wie auf Kunstdruckpapier; für alle Druckerzeugnisse geeignet.

R

Response
Die Reaktion, Antwort, „Rücklauf"
– das A und O des Direktmarketing. Wenn mit der Antwortkarte
nicht unmittelbar bestellt wird, sondern weitere Informationen angefordert werden, ist für die Beurtei-
lung des Werbeerfolgs nicht die reine Anforderungsquote maßgebend,
sondern die „Umwandlungsrate".

R.I.C.
Abkürzung für „Readership Invol-
vement Commitment". Die Leser-
schaft beschäftigen (fesseln), festlegen und zur Handlung drängen. Neben AIDA und KISS eine der
Grundregeln der Direktwerbung.

S

Schriftfamilie
nennt man eine Gruppe formal zu-
sammengehörender Schriften mit
demselben Namen, die in unterschiedliche Schriftschnitte (z. B.
kursiv, fett, ...) unterteilt sind.

Scribble
siehe „Layout".

Semantik
ist die Lehre von der Bedeutung
von Zeichen, insbesondere von
Wörtern und Sätzen. In der Sprachwissenschaft befasst sich die Semantik mit Bedeutung und Inhalt
sprachlicher Ausdrucksformen sowie mit deren Beziehungen zu den
bezeichneten Gegenständen und
Tatsachen.

Site
(Auch Website); miteinander ver-
bundene Hypertext-Dokumente eines Anbieters im WWW. Eine Site
kann aus nur aus einer einzigen Seite, der Homepage, bestehen, aber
auch mehrere hundert Seiten enthalten.

Syntax
bezeichnet in der Sprachwissenschaft das Regelsystem einer Sprache. Als Teilbereich der Grammatik beinhaltet die Syntax die Gesamtheit der Regeln für die Bildung
von Sätzen aus Morphemen, Wörtern und Satzgliedern.

T

Testimonials
Referenzen, „Anerkennungsschrei-
ben" bzw. entsprechende Aussagen
von Kunden, die das angebotene
Produkt gekauft haben, gehören zu
den ältesten „Werbeargumenten".
Dennoch ist ihre Wirksamkeit auch
heute ungebrochen – wie Tests immer wieder beweisen. Besonders erfolgreich sind Anerkennungsschrei-
ben, die auf bestimmte Weise dargeboten werden, zum Beispiel als
verkleinerte Ausgabe des Original-
Schreibens oder mit einem Bild des
zufriedenen Kunden. Eine große
Rolle spielt dabei die Glaubwürdigkeit. Nichts ist schlimmer, als wenn
durch unglaubwürdige Veröffentli-
chungen die angesprochenen Interessenten den Eindruck bekommen, als handle es sich um unseriö-
se Tricks. Besonders wirkungsvoll:
Testsiegel, Besprechungen Ihres
Angebots aus der Presse, die Sie mit

Quellenangabe in den Prospekt aufnehmen.

Textarchitektur im Internet
Bei der Entwicklung eines Internet-Shops geht es bei der Textentwicklung nicht nur um Produkttexte. So sollte ein Shop weiterführende Informationen anbieten, Führungs- und Navigationstexte vorsehen und auch übergeordnete Informationen (Einkaufsberater) anbieten. Die Zusammenstellung der unterschiedlichen Textebenen für den Internet-Auftritt zeigen Textarchitektur-Modelle.

Typographie
Bezeichnung für die Gestaltung einer Drucksache, einschließlich Wahl der Schriftart, Schriftgröße und Raumaufteilung. Die Typographie nimmt in der Direktwerbung eine besonders wichtige Stelle ein, da normalerweise sowohl im Brief als auch im Prospekt und auf der Antwortkarte viel Text untergebracht werden muss. Deshalb ist es besonders wichtig, dass das optische Bild der einzelnen Werbemittel ausgewogen und lesefreundlich dargestellt wird.

U

USP
Unique Selling Proposition – der einzigartige Verkaufsvorteil oder Produktnutzen, der ein Angebot von allen Konkurrenzangeboten abhebt.

V

Virtuelle Realität
auch Cyberspace; computersimulierter Raum; Räume, in denen sich der Anwender am Computerbildschirm oder mit Hilfe einer speziellen Brille und einem sensorischen Handschuh frei bewegen kann. Auch von Computern künstlich erzeugte (virtuelle), dreidimensionale Objekte (Personen, Gegenstände, Landschaften) und Abläufe bezeichnet man als „virtuelle Realität". Dabei werden vom Computer berechnete Wechselwirkungen in realistischen Bildeindrücken an den Benutzer weitergegeben. Die virtuelle Realität wird auch bei Flugsimulatoren, medizinischen Anwendungen und in Computerspielen eingesetzt.

W

Wort
[Plural: *Wörter;* im Sinn von „Aussprüche" *Worte*]

in der Sprachwissenschaft die kleinste als selbstständige Äußerung vorkommende Einheit der Sprache. Wörter können

1. einfach sein, z. B. „Haus";

2. aus einfachen zusammengesetzt sein (Kompositum), z. B. „Haustür".

Die einfachen Wörter ihrerseits können unabgeleitet („Haus") oder abgeleitet sein. Ableitung geschieht durch *Präfixe, Suffixe* oder *Infixe;* in „befahrbar" ist „be" Präfix, „fahr" Stamm, „bar" Suffix. Die Bildung

188

des Worts einschließlich der Flexion behandelt die *Morphologie*, die Verwendung im Satz die *Syntax*, die Bedeutung (Inhalt) des Worts die *Semantik*, den Wandel seiner Form und Bedeutung die *Etymologie*.

(Quelle: www.wissen.de)

Z

Zuschuss
Über die eigentliche Auflage hinaus erforderlicher Mehrbedarf an Papier, um die bei der Einrichtung, dem Auflagendruck und bei der Weiterverarbeitung anfallende technisch bedingte „Makulatur" ausgleichen zu können.

Literaturverzeichnis

Ballstaed, Steffen-Peter: Lerntexte und Teilnehmerunterlagen. Band 2 der Reihe „Mit den Augen lernen". Weinheim und Basel 1991

Bungert, Gerhard: Einfach gut schreiben. München 1997

Gottschling, Stefan: Die Texterfibel für das Direktmarketing. Augsburg 2002

Gottschling, Stefan: Textwerkstatt. Das Hörcassetten-Programm. 2 Audiocassetten à 40 Minuten. Augsburg 2001

Gottschling, Stefan/Rechenauer, Hannes O.: Direktmarketing. München 1994

Gottschling, Stefan: „Was uns in den Kopf will und was nicht oder Was Ihr Text tun kann, damit er schneller ankommt". In: Winter, Jörn: Handbuch Werbetext, a.a.O., 2003

Groeben, Norbert: Leserpsychologie: Textverständnis – Textverständlichkeit. Münster 1982

Heimbach, P.: Seitennutzung und Informationsaufnahme bei Internet-Werbung. Begründung und erste Ergebnisse der Merian Forschung. Göttinger Reihe Beiträge zur Werbewissenschaft, Hrsg. Prof. Dr. Silberer, G., 1999 (Kurzzusammenfassung der Ergebnisse in der Fachzeitschrift Direktmarketing 7/99)

Langer, Inghard/Schulz von Thun, Friedemann/Tausch, Reinhard: Sich verständlich ausdrücken. München, Basel 1990

Meyer-Hentschel, Gundolf: Erfolgreiche Anzeigen. Wiesbaden 1988.

Schneider, Wolf: Deutsch für Kenner. Hamburg 1988/3

Schneider, Wolf: Deutsch für Werber. VDZ-Edition Publikumszeitschriften, Bonn o.J.

Urban, Dieter: Pointierte Werbesprache. Zürich 1995

Vögele, Siegfried: Dialogmethode: Das Verkaufsgespräch per Brief und Antwortkarte. Landsberg am Lech 1992/6

Winter, Jörn (Hrsg.): Handbuch Werbetext. Von guten Ideen, erfolgreichen Strategien und treffenden Worten. Frankfurt a.M. 2003

Studie: Filter und Verstärker im Online-Dialog. Bonn 2001/4

Einzelne Fachartikel:

Gottschling, Stefan: Werbetexte schreiben, die verkaufen ... . In: Praxisletter Mailings. Ettlingen, Ausgabe Dezember 2001

Gottschling, Stefan/Winter, Jörn: Texte in Neuen Medien, Teile 1 bis 5. In: Direktmarketing. Ettlingen, Ausgaben September 1999 bis Februar 2000

Eine vollständige Publikationsliste des Autors finden Sie unter www.textakademie.de

Viele Bücher, Fachartikel oder persönliche Gespräche sind in dieses Buch eingeflossen. Vieles beeinflusst, schärft die eigene Sprache, den Umgang mit Worten. Deshalb an dieser Stelle noch ein Dank an alle Seminarteilnehmer und Kunden, an meine Partnerin in der Textakademie Frau Claudia Maria Bayerl, an Lehrer, Mutmacher und Gesprächspartner wie Prof. Siegfried Vögele, Prof. Dr. Erwin Seitz, an Karin Hammerschmidt, Jörn Winter, Robert K. Bidmon, Armin Baier, Michael Timinger, an die Gesprächspartner in den Direktmarketing-Centern der Deutschen Post, in Österreich an Manfred Pesek, Norbert Kosicak, Kurt Lasnig. Und ein besonderes Danke an Manuela Eckstein, Lektorin im Gabler Verlag, die mit mir dieses Buch auf den Weg gebracht hat.

Stichwortverzeichnis

193

Der Autor

Stefan Gottschling ist Direktmarketer, Journalist und Texter aus Leidenschaft. Der studierte Pädagoge, Germanist und Direktmarketing-Fachwirt verfügt über zehn Jahre Direktmarketing-Erfahrung als Texter und Kreativchef im Fachverlag, als Geschäftsführer einer Print- und Multimedia-Agentur (Deutscher PR-Preis 1998) und unter anderem auch in enger Zusammenarbeit mit Prof. Siegfried Vögele.

Sein beruflicher Schwerpunkt heute ist die Geschäftsleitung der Textakademie GmbH, Augsburg, die Beratung von Unternehmen sowie die Ausbildung von Textern, Journalisten, Marketern und Unternehmern. Viele tausend Zuhörer haben seine Texterseminare besucht oder hören ihn zum Beispiel an der Bayerischen Akademie für Marketing und Werbung (BAW) oder an den Universitäten München und Rostock.

Stefan Gottschling ist wissenschaftlicher Beirat des „Institut für messbare Werbung" in Klagenfurt und Beirat des „Corporate Text Institut" in Hanau.

Direktkontakt unter
me@stefangottschling.de

Seminartermine und das ganze Angebot zum Text finden Sie unter
www.textakademie.de
E-Mail: info@textakademie.de

Weiter im Text ...

geht's in den Texterseminaren von Stefan Gottschling:

Zum Beispiel mit den beiden **Intensiv-Seminaren Textwerkstatt I und II**: Erleben Sie mit vielen Übungen und konkreten Beispielen, wie Sie mit starken Texten mehr verkaufen. Sehr praxisnah, mit viel Spaß und fundierten Werkzeugen arbeiten Sie auch an eigenen Texten. Dabei werden die ausführlichen Seminar-Unterlagen zu maßgeschneiderten Arbeitsbüchern.

Textwerkstatt I macht das Redigiersystem aus Ihrem Texterbuch im Seminar lebendig. Jetzt setzen Sie die gelesenen Inhalte in die Praxis um und vertiefen Ihr Wissen. „Schreibblockaden", „Texteinstiege" oder „Bildworte" sind nur einige der vielen spannenden Themen.

Textwerkstatt II zeigt weitere Techniken für den Text. Sie erfahren, wie man sich gute Argumente erarbeitet, Produktmerkmale in Nutzen verwandelt und bereits durch die Konzeption die Weichen auf Erfolg stellt. Auch Headline-Techniken und Tonalitäten werden in diesem Seminar zum Praxis-Thema.

Ideale Ergänzung zu den Texterseminaren ist der Workshop **Kreativitätstechniken:** Er vermittelt Ihnen, wie Sie schnell und zuverlässig Ideen finden, Moderationen effizienter gestalten oder festgefahrene Besprechungen in wahre Ideen-Fundgruben verwandeln.

Unter www.textakademie.de finden Sie **das komplette Seminarprogramm** und ausführliche Inhaltsangaben. Informieren Sie sich ausführlich, stöbern Sie in den Fachartikeln zum Download oder abonnieren Sie einfach Ihren kostenlosen Textertipp des Monats.

Wir freuen uns auf Ihren Besuch!

Ihre   Textakademie GmbH